惠泽千载 光耀後世

晋城国保丛览 沁水卷

晋城市人大常委会 晋城市文化和旅游局 编

文物出版社

图书在版编目（CIP）数据

惠泽千载　光耀后世：晋城国保丛览．沁水卷／晋城市人大常委会，晋城市文化和旅游局编．-- 北京：文物出版社，2025.6.-- ISBN 978-7-5010-8496-8

I. K872.25

中国国家版本馆 CIP 数据核字第 2024SA7059 号

惠泽千载　光耀后世——晋城国保丛览·沁水卷

HUI ZE QIANZAI　GUANG YAO HOUSHI —— JINCHENG GUOBAO CONGLAN · QINSHUI JUAN

编　　者：晋城市人大常委会　晋城市文化和旅游局

责任编辑：王　媛　崔　华
责任印制：张　丽
装帧设计：王　露

出版发行：文物出版社
社　　址：北京市东城区东直门内北小街 2 号楼
网　　址：http://www.wenwu.com
邮　　箱：wenwu1957@126.com
经　　销：新华书店
印　　刷：上海雅昌艺术印刷有限公司
开　　本：889mm×1194mm　1/16
印　　张：10.5
版　　次：2025 年 6 月第 1 版
印　　次：2025 年 6 月第 1 次印刷
书　　号：ISBN 978-7-5010-8496-8
定　　价：1600.00 元（全七册）

惠泽千载　光耀后世——晋城国保丛览·沁水卷

编委会

前 言

　　沁水县坐落在太行、太岳、中条三山交会之处，因沁河纵贯南北而得名，历史悠久，文化遗存丰富。

　　早在旧石器时代，古人类就在沁水地区的下川生活，打制石器，渔猎采集，并开始对粟黍类作物进行驯化，"开创了中国粟作农业的先声"。

　　沁水人杰地灵，荆浩、常伦、赵树理等先贤名士精神长存、泽被后世；李翰、刘东星、张五典、张铨、孙居相等能臣名将彪炳史册、光耀千秋。昔人已去，唯存遗迹。在这域山川间，存量众多的古遗址、古寺庙、古民居建筑等蕴含着深沉的历史文化信息，是弥足珍贵的历史遗存和精神财富，成为后人探究历史、追思先贤的重要物证。在第三次全国文物普查中，沁水在册的文物数量共计 705 处，其中古建筑 522 处，占总数的 74%，以古村落民居建筑最具代表性。

　　本卷收录了沁水县被公布为第六批全国重点文物保护单位的柳氏民居、湘峪古堡、郭壁村古建筑群、窦庄古建筑群。

　　这四处经历了岁月磨砺和战火洗礼的古村落民居建筑群，承载着区域性的文化传统、建筑风格、民俗风情，传承着独特的文化内涵。行走其间，我们能够感受到沁水古村落民居建筑文化传承的博大与精深，从选址到布局，从材料到形制，从内外装饰到空间架构，规矩森严、法度严谨。寺庙建筑营建在村落五行要地，填补村落风水之缺陷，供奉的神仙各有不同，反映了不同时代和阶层的精神需求。宗祠建筑处于村落之冠要处，传导的是崇教尚礼、诗书耕读、忠信孝悌、不忘先人的传统理念。这些古村落民居建筑已被赋予了生命，成为一本活化的教科书，春风化雨，润物无声，教化着人们遵法守礼、敬畏天地、天人合一。

　　叩开斑驳的古旧宅门，我们不由对沁水古民居建筑的神奇与特色由衷赞叹。窦庄是极具地方特色的古堡式村落，沿革脉络清晰，选址营建讲究，街巷形态多样，建筑类型丰富，文化底蕴深厚。郭壁曾是明清时期沁河流域的商贸重镇，选址背山面水，规划聚散有度，营造依形就势，遵从自然，科学合理。湘峪古堡北临凤、南面龟、东依龙、西靠虎，极尽风水之能事；依山就势"筑寨楼御寇，保聚一乡"，高楼耸立，集防御和民居于一身，蔚为奇观。柳氏民居作为柳宗元遗族世居，遵从"勿宣门庭"的祖训，把"隐"文化体现得淋漓尽致，创造出"站在山外向内看，不见深山有人家"的神奇。当然，这些古建筑不仅有外在的雄伟，还有内在的精致。如柳氏民居的窗花就有48种之多，砖雕、木雕、石雕、书法、绘画、碑刻集南北之大成，处处体现着艺术与生活的完美结合，流连其间、自然领悟。这些民居建筑延续着传统文化的基因和血脉，凝结着劳动人民的心血和智慧，沉淀着历史的足音和回响，启迪后人不断向上、向善、向美。这些民居建筑是历史的遗珍，是无声的文明，饱含着一代又一代人的情感和记忆，深入骨髓、融入血脉，成为凝固着的"乡村记忆"和化不开的缕缕"乡愁"。

编委会

二〇二五年六月

目 录

晋城市全国重点文物保护单位基本信息统计表（沁水）

编号	名称	时代	地址	国保批次	公布文号	公布时间
1	郭壁村古建筑群	金至清	沁水县嘉峰镇郭壁村（郭南村、郭北村）	第六批	国发〔2006〕19号	2006年5月25日
2	窦庄古建筑群	元至清	沁水县嘉峰镇窦庄村			
3	柳氏民居	明至清	沁水县土沃乡西文兴村			
4	湘峪古堡	明至清	沁水县郑村镇湘峪村			

01

郭壁村古建筑群

郭北村全景

郭南村全景

郭壁村古建筑群 / *GUOBI CUN GU JIANZHU QUN*

一、遗产概况

郭壁村隶属晋城市沁水县嘉峰镇，分为郭北、郭南两个行政村，其中心地理坐标为北纬35° 63′、东经112° 52′。郭壁村古建筑群为第六批全国重点文物保护单位，文物年代为金代、明代和清代，以明清民宅为主，兼有庙宇、宗祠、戏台、楼阁、私塾、油坊、城墙、碉堡等，集居住、祭祀、娱乐、教育、生产、防御等多种建筑类型于一体，是沁河流域明清时期的堡寨式古村落之一。其北与第四批中国历史文化名村窦庄村相邻，西倚榼山，东临沁河。地势总体西高东低，以东西窄、南北长之形态夹持于榼山与沁河之间。

二、历史沿革

郭壁村的历史可以追溯到秦统一六国之前。秦赵"长平之战"时，秦将白起屯兵沁河流域，部属曾屯兵于此。

汉代，郭壁村所在地经济、文化发达，有大批汉墓及出土的大量陶器、汉画像砖为证。

据清康熙八年（1669）镌刻的《郭壁镇起修大庙记》记载，宋元丰八年（1085）创建府君庙，郭壁村古建筑群至迟于此时建村，至北宋哲宗年间（1086—1100）有了进一步发展。

元大德年间（1297—1307），重修府君庙。

明初，居民多聚居于河川平地，万历丙戌（1586）科进士韩范得第后在家乡修建宅院，拉开了郭壁村民宅建造的帷幕。天启年间（1621—1627），沁河患流成灾，为避水患，人们开始在土坡山丘上建造住宅，村落整体趋势向西攀升，逐渐朝着高台缓坡发展。崇祯四年（1631），社会动荡，村内四大家族为免家业遭劫，遂围绕家族建筑群修筑防御体系，最终形成依山面河、长约两公里的挂壁城村落形态。

清顺治元年（1644），在村南门和北门修筑夯土城墙，在村西土岭修筑堡寨并筑寨门，使郭壁形成东凭沁河作障、西以山寨为屏、南北以土城墙为宥的保护圈。康熙六年（1667）闰五月，建泰山庙。乾隆二十二年（1757），建行宫。

2003年9月，山西省人民政府公布郭壁村为山西省第一批历史文化名村。

2006年5月，国务院公布郭壁村古建筑群为第六批全国重点文物保护单位。

2014年3月，住房和城乡建设部和国家文物局公布郭壁村为第六批中国历史文化名村。

01　郭北村全景

沁

水

卷

北

① 韩家后院
② 韩家中院
③ 韩家前院
④ 韩家祠堂
⑤ 绍平原
⑥ 赵家北院
⑦ 书房院
⑧ 后沟院
⑨ 赵家东院
⑩ 赵家南院
⑪ 赵家中院
⑫ 赵家后院
⑬ 十三宅前院
⑭ 十三宅中院
⑮ 十三宅后院
⑯ 十三宅前院
⑰ 十三宅新院
⑱ 十三宅古堂

㉑ 松垒
㉒ 文昌阁
㉓ 府君庙
㉔ 观音阁
㉕ 北城上
㉖ 行官门楼
㉗ 里头院
㉘ 西院
㉙ 刘家院
㉚ 商家院
㉛ 范家院
㉜ 泰山庙
㉝ 泰山寨寨门
㉞ 赵家祠堂
㉟ 三套院前院
㊱ 三套院中院
㊲ 三套院后院
㊳ 戏台
㊴ 赵家院南头北院

02 郭南文物建筑分布图资料

郭壁村古建筑群

三、建筑特点

郭壁村共有文物院落 62 处、文物建筑 387 座,分为 11 个片区。其中郭北村文物院落 31 处、文物建筑 160 座,郭南村文物院落 31 处、文物建筑 227 座。

(一)郭北村文物院落及其文物建筑

包括窦家宅院建筑群、韩家宅院建筑群、进士第建筑群、三槐里建筑群、青绸里建筑群 5 个片区。

1. 窦家宅院建筑群

窦家宅院建筑群位于郭北村东北角,包括 5 处文物院落(建筑),分别为师祖阁、戏台、中宪第大门、窦十宅、窦八宅。其中戏台与中宪第大门为单体建筑,其余均为院落格局,为明清遗构。

03 中宪第大门斗栱

04 窦十宅大门

05 窦八宅大门

06 中宪第大门全景

07 窦八宅门枕石

2. 韩家宅院建筑群

韩家宅院建筑群位于郭北村西北角，包括6处文物院落（建筑），分别为瞻远居、作德日休、南院、韩氏祠堂、清白传家、岁进士第，明万历年间（1573—1620）建。

08　南院大门正立面

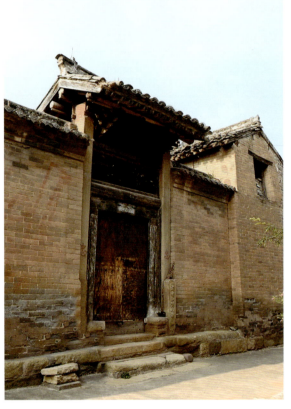

09　韩氏祠堂正立面

10　清白传家东厢房正立面

11　岁进士第牌匾

12 作德日休大门正立面

13 清白传家大门

14 韩氏祠堂斗栱

15 韩氏祠堂石雕

3. 进士第建筑群

进士第建筑群位于郭北村东部偏北，包括 5 处文物院落（建筑），分别为崖头起、东院、进士第、中院、瞻远居，为明清遗构。

4. 三槐里建筑群

三槐里是郭壁村王氏家族的聚居地，俗称王家圪洞或王家胡同。"三槐"之名源于《周礼》。"三槐"指代王姓宗族，故后人往往以"三槐"为王姓的代称，王姓宅第通常称"三槐堂"，王姓宅群通常称"三槐里"。

三槐里建筑群位于郭北村东南部，建筑群总体布局呈东西走向，有一条东西向小街和六条南北小巷，建筑群井然有序地布列于街巷两旁。现存文物建筑（院落）包括三槐里门楼、耕读院、进士第、乐善院、小四宅、大中第、油坊院、敦睦院、寅宾院、怀德居、宁远坊、韩宅、中和院、王氏宗祠。

其中王氏宗祠是郭壁村最大的祠堂，是王氏族人敬祭祖先、联系族人、增强家族凝聚力的重要场所。王氏宗祠坐北朝南，为一进院布局，中轴线上建有门楼和正房。门楼为两柱一门式单檐悬山顶，由两根木柱支撑，檐下施四攒七跳花栱，柱间走马板上书"王氏宗祠"四字。木柱前后有抱鼓石，抱鼓石、门枕石均雕刻有狮子。门两侧砌砖雕墙壁，壁心用瓦组成团花图案，暗藏"忠孝"二字。门楼装饰性很强，精工细雕，玲珑剔透，显得高贵华丽。

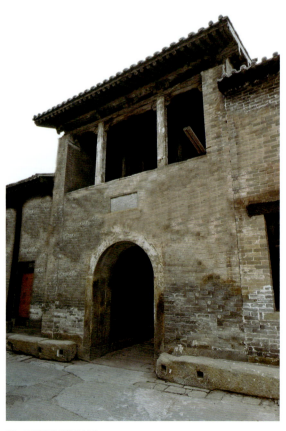

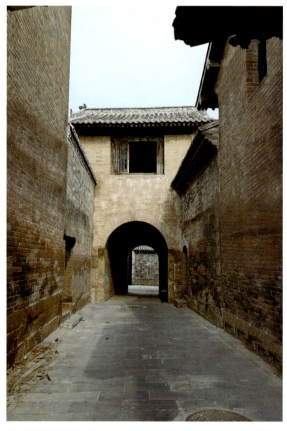

16 三槐里门楼正立面   17 三槐里门楼背立面

18　韩范进士第

19　耕读院大门

20　耕读院大门背面

21　耕读院大门斗栱

22　耕读院大门背面雕刻

23 进士第大门

24 进士第大门门枕石、抱鼓石

25 进士第大门匾额

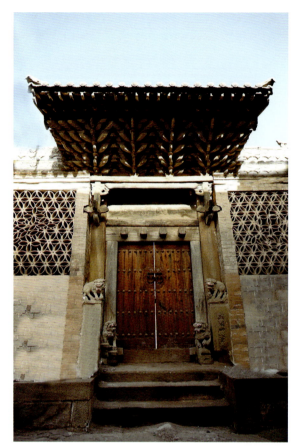

26　王氏宗祠大门

27　敦睦院大门

28　乐善院大门

29　乐善院大门匾额

30　敦睦院正房

31 油坊院南面

32 敦睦院匾额

33 油坊院砖檐

34 敦睦院冰盘檐

35 敦睦院大门

36 大中第大门

37　韩宅板门

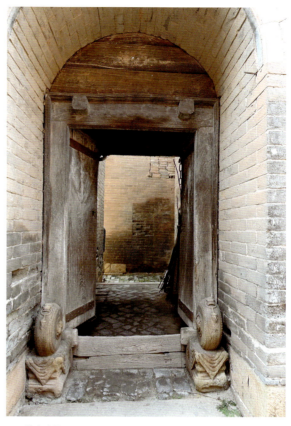

38　韩宅大门

39　怀德居大门

40　韩宅抱鼓石

41　韩宅东房

42 寅宾院大门

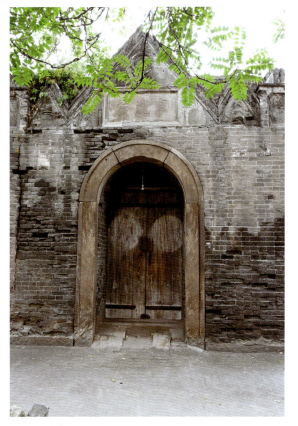

43 宁远坊大门

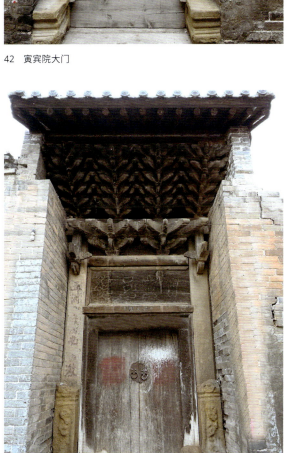

44 小四宅大门

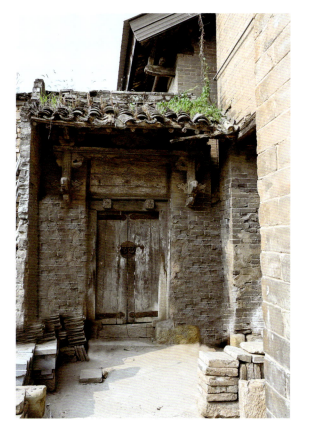

45 中和院大门

5. 青缃里建筑群

青缃里建于清康熙二十年（1681），是官至陕西、山东按察司兵备道王纪的府邸，其地处郭北村西南最高处，为城堡式建筑，围墙高大，门楼庄严，建筑层叠，气派宏伟，被称为"堡中之堡"。"青"，青色也，为"青史"之代称；"缃"，浅黄色也，为"书卷"之代称。"青缃"二字中传世家学的寓意至为明了，"青缃里"则鲜明标示出主人书香传家、出仕为官、名垂青史之意。

青缃里建筑群坐西朝东，南北长约80米、东西宽约40米，城墙高5—20米、周长240米，包括给涑第、青缃里城门、文魁院、极高明院、城墙和角楼等文物院落（建筑）。

青缃里城门位于东墙中间，为青砖拱券式，门顶镶嵌青石匾，上镌刻"青缃里"三个行书大字。进大门拾级而上，在台阶中段两侧有拱券小门，内有水井各一眼，为乱时所用。堡内有南北小巷，两端及中部各建有院落，西南角建有角楼。

46　青湘里城门正面　　　　　　　　　　　　47　青湘里城门大门

（二）郭南村文物院落及其文物建筑

包括韩家宅院建筑群、赵家宅院建筑群、张家宅院建筑群、崔府君庙建筑群、行宫古建筑群、三套院建筑群 6 个片区和古渡口遗址。

48　韩家后院全景

49　韩家前院全景

50　韩家后院南房

51　韩家前院西房

52　韩家后院牌匾

53　韩家中院牌匾

1. 韩家宅院建筑群

韩家宅院建筑群位于郭南村北端，为明万历年间（1573 — 1620）建。现存文物建筑（院落）共计 4 处，自北向南依次为韩家后院、韩家中院、韩家前院、韩家祠堂，均为合院式格局，正房均坐西向东。

2. 赵家宅院建筑群

赵家宅院建筑群位于郭南村中部偏北，东为崔府君庙古建筑群，南隔渭沟与张家宅院建筑群相对，为清乾隆四十二年（1777）所建。

赵家宅院建筑群建于渭沟北坡，各院落由东向西环山丘而筑，形成一组挂壁山庄。现存文物建筑共计 5 处，包括雨花阁、赵家北院、书房院、后沟院、赵家东院。其中雨花阁为单体建筑，其余均为合院式格局。

54 赵家北院大门　　　　　　　　　　55 赵家北院正房

56 赵家北院东房

57 书房院二门

58 书房院侧面

59 书房院二门背面

60　赵家东院大门

61　绍平原阁楼正立面

62　赵家东院大门匾额

63　书房院二门匾额

64　书房院二门背面匾额

65　书房院大门匾额

66 赵家南院大门

67 赵家南院二门

68 赵家南院正房

69 赵家南院二门抱鼓石

70 赵家中院大门

雨花阁也称绍平原过街门楼，在其拱券顶部镶嵌有"绍平原"石匾。此匾有彰显赵氏祖先、战国四公子之平原君赵胜之意，以此勉励赵家后人。

赵家宅院建筑群以绍平原过街门楼与南部的张家宅院建筑群连为一体，构成"山"字格局的民居建筑群，蔚为壮观。

3. 张家宅院建筑群

张家宅院建筑群又称张家十三串院，位于郭南村中部偏北，东为崔府君庙古建筑群，北隔渭沟与赵家宅院群相对。现存9处文物建筑（院落），包括前院、中院、后院、前院、新院、南院、东院、桥上、私塾，为明代建筑，由张之屏、张洪翼父子修建。

71 十三宅大门   72 十三宅二门

张家宅院群建于渭沟南坡，因地势错落悬殊，院落多依势券涵而建，均为合院式格局。院落空间小，大多为砖木结构的二层建筑，也有三层建筑，二层常中间出挑悬空。建筑雕梁画栋，石础石柱，四门八窗，五脊六兽，非常精致。门匾、题刻颇有诗意，文化底蕴深厚。

73　崔府君庙大门正面

4. 崔府君庙建筑群

崔府君庙位于郭南村中东部，坐北朝南，二进院落布局，南北长65米、东西宽26.5米，占地面积1723平方米。中轴线上由南至北依次建有山门、关帝殿、舞楼、崔府君殿。山门两侧建有钟鼓楼；关帝殿东西隔廊道建有耳殿，东为子孙祠，西为阎王殿；正殿两侧建东西耳殿，西为白龙殿，东为文成殿。

崔府君庙是为纪念唐代崔钰而建。据明嘉靖七年（1528）的《郭壁府君庙重修记》记载，该庙建于北宋元丰八年（1085），重修于金元，恢宏于明永乐（1403—1424）、成化（1465—1487）、正德（1506—1521）年间，明清屡有修葺。1999年，对舞楼进行了揭顶大修。2001年，对所有建筑进行了维修和彩绘。据方志载，崔珏字元靖，乐平（今山西昔阳）人，唐贞观年间（627—649）进士，贞观七年（633）举贤良，授长子县令，因"投牒召虎"，有功于百姓，所以建庙祭之。

崔府君的显应主要表现在南宋初帮助康王逃命一事。据传，康王赵构向南逃遁时，疲惫不堪，暂栖于崔府君庙内。是夜，忽梦一神告曰："金兵将至，速速逃命，门外已备鞍马。"康王醒来，赶忙上马，疾驱逃命，等过了黄河马就不再动了，一看原来是庙中的泥马。此即传说中的"泥马渡康王"。赵构南渡后在临安（今浙江杭州）即位，特于临安又建崔府君庙，并赐额"显卫"。

正殿即崔府君殿，为金代遗构，坐北朝南，面阔三间，进深两间，前出廊，悬山顶。通檐用四柱，

74 崔府君庙大门背面

两侧施小八角石柱，中间施木柱两根，有侧角，收分明显，柱础低矮。柱头斗栱五铺作，补间斗栱用真昂。

舞楼坐南朝北，平面呈方形，通长9.19米、通宽8.85米、高0.55米。台基上有四根木柱支撑单檐歇山屋顶，柱间距均为6米，屋顶出檐均为0.92米，西、北、东三面可观。柱子有收分，柱顶有卷刹，柱身有侧角，屋角生起明显。柱上设井字大阑额，额上置普拍枋，斗栱粗壮，五铺作，全部为真昂，斗有内颤。前后普拍枋正中置45度异形栱各一攒，内部梁架结构系八卦藻井，手法精湛。屋顶山花向前，山面透空，出檐较深，举折平缓，琉璃脊饰，鸱吻为元代构件，素筒板瓦盖顶。舞楼虽经后世多次修葺，但仍保持了宋金时期的大部分构件和风貌，古朴雅致，具有较高的文物价值。

关帝殿为明代遗构，坐北朝南，面阔三间，进深两间，前出廊，悬山顶，建于高台之上。通檐施石柱四根，上置大额枋、平板枋，斗栱三踩单昂。

75　崔府君庙舞楼正面

76　崔府君庙舞楼正面

77　崔府君庙关帝殿正面

78 崔府君庙舞楼正面翼角屋顶

79 崔府君庙舞楼正面屋顶

沁

水

卷

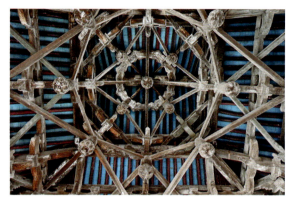

80　崔府君庙舞楼藻井

81　崔府君庙舞楼明间斗栱

82　崔府君庙舞楼转角斗栱

83　崔府君庙斗栱

84　崔府君庙廊部梁架

85　崔府君庙柱础

86　崔府君庙殿内梁架

87　崔府君庙白龙殿正面

88 崔府君庙阎王殿正面

89 崔府君庙娘娘殿正面

90 崔府君庙文成殿正面

91 崔府君庙东厢房正面

92 崔府君庙西厢房正面

93 崔府君庙土地殿正面

94 崔府君庙白龙殿廊部梁架

95 崔府君庙阎王殿廊部梁架

5.行宫古建筑群

行宫古建筑群位于郭南村中部偏南,以行宫门楼为中心,自东向西分为前宫、后宫和宫上3组建筑,清乾隆二十二年(1757)建。前宫建筑群分布于行宫门楼东侧的沁水河畔,现存观音阁、北城上、范家院3处建筑;后宫建筑群分布于行宫门楼西侧,现存里头院("耕读传家")、西院("树德培仁")、刘家院(前院"静远"、后院"宁远")、商家院4处建筑;宫上建筑群分布于行宫门楼西侧约30米的陡坡上,现存泰山庙和其他民居建筑。

行宫名称的由来有二说:一是乾隆皇帝出巡时曾下榻于此,故该建筑门楼上镶嵌"行宫"匾额,围绕门楼四周所修建的古院统称为行宫建筑。二是与西面陡坡上所建的泰山庙有关。泰山庙又称东岳庙或岱庙,专供道教天神东岳大帝黄飞虎,以山东泰安为正,建于全国其他地方的则被称为东岳行宫。

96 三套院前院大门

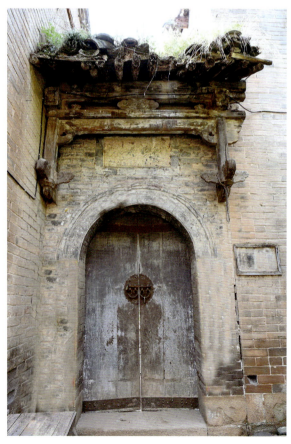

97 三套院后院大门

98 行宫门楼正面

99 商家院大门

100 泰山庙大门

6. 三套院建筑群

三套院位于郭南村南部，由前、中、后三个院落组成。

7. 古渡口

古渡口遗址位于郭南村崔府君庙前东侧，沁水县古十景之一的"沁渡秋风"即指该渡口，清人王微《沁渡秋风》咏道："沁水河边古渡头，往来不断送行舟。垂杨两岸微风动，数点眠沙起白鸥。"

古渡口现存古堤坝、便道、浮桥及码头遗址。古堤坝高约 23 米（七丈），长 1300 米，顺河弯曲延伸，用沁河石头砌成、石灰浆浇灌，坚固壮观。浮桥桥墩及通道浮体仍存，浮桥上圆木多数不存。如今在渡口处新建了石拱大桥，浮桥与石桥并列，体现了古渡口的历史变迁和交通的发展。

101　码头遗址

102　便道

103　古堤坝

四、科举名人

郭壁古镇历史悠久，由村庄逐渐发展成为综合型的古集镇。张、王、韩、赵四大家族名人辈出，明清两代有韩范、韩君恩、韩胅仁、韩玏、韩张、王廷瓒、王度、王纪、张之屛等9人中进士，韩可久、张洪翼、张洪献、张勤等13人中举人。其中以韩范为著，官至通政使司右通政使。

韩范（1556—1625），字思兼，号振西，明万历十四年（1586）进士。清光绪《沁水县志》收录张铨撰写的《通政使韩公》：

韩范，字思兼，号振西。万历丙戌进士。授工部都水司主事，理南旺泉闸，升营缮司员外。时值定陵培土，长公主建府。大石窝、马鞍山、紫石塘诸役并举。众中贵假公冒破，公一切抑之，圆机应变，诸事悉理，裁节十万余金，誉望甚隆。冢宰孙丕扬拟调天曹，以有尼之者不果。大司农张养蒙向公语不平，公笑曰："士何官不可做，但恐人负官耳。可择官乎？"遂力求外补，升公兵部武选司郎中。

严毅廉静，凛不可犯。黜中珰所私千户鲍拱，以是权贵衔之，乃借霍文炳事中旨切责。左迁陕西金县典史，即日跨蹇出都，诸奸沿途踪迹，竟无所得。甲辰丁外艰，贫窘几不能襄葬事。当道聚金县数年俸薪助之，始勉成礼。家食二十七年，事继母如母。犹子之贫时，振其匮乏，且训诲之曰："吾予若一钱，其难便如他人千百也。"

泰昌初，起南武选郎中。天启元年，升南通政使右参议。明年升顺天府丞，进通政使右通政。值魏忠贤乱政，矫旨杖郎中万煃。公义愤激烈，上书执政，至引王文端封还诏书，以讽勉之。海内翕然，莫不知有韩通政也。居纳言既久，有称公于太宰者。太宰曰："吾未尝识面，所知亦多诮，公不合时宜。"公莞而戏笔，草《五官四体问答》，微词隽旨，士林传诵焉。

岁当京察，因援例引年，致仕而归。归而构佚我园泥泉别墅，药栏松迳，咏觞其间，悠然自得。所居晡庵，牙签万卷，铅黄甲乙，多会心独得之致。著述甚富，皆藏于家。病中犹撰祠堂碑，文《本支世系图考》，及《训家格言》，口授其子。一日徐起，正衣冠，嘱后事，奄然而逝，享年六十有九。

韩仰斗，字仲济，号澹庵，韩范之仲子。清光绪《沁水县志》收录陈廷敬撰写的《韩仲济传》：

韩仰斗，字仲济。沁水生员，通政公范之仲子也。性孝友惷诚，方洁狷介。言笑不苟，取与必谨。髫年补博士弟子员，蜚英腾茂，人咸称为翩翩浊世佳公子。而布衣疏食，落落寡合，惟与杨沁湄、张藐山为文字交，或村醪野蔌，欢饮竟日。二人称为畏友，凡所赠遗，固却不受。

翁孙居相为南御史，请至任读书。一日讽之，欲与某学使通命食饩。闻言即日辞归，所赠金帛丝毫不受。居父丧，尽志尽物。独步京师，叩阍请恤典，服阕赴棘围，误中副车。既而叹曰："吾不能久困八股中矣。"遂谢学使，不赴考，肆力古学，博极群书，即医卜、天文、地理，靡不究其妙。偶一试之，其应如响。至人求请，谢曰："我非医生，我非堪舆也。"

五十丧偶，终身不娶，独居四十年。虽在暗室，宽衣博带，如对大宾。不问寒暑，未尝见其有惰容。闯贼勒饷，挺然一身独任，并不肯累其兄与弟。事后入山，惟恐不深。语子孙曰："凡事勿令我知。"日执一卷，随读随录，至耄不倦。尝曰："书乎！字乎！死而后已乎！"虽在至戚，罕见其面。

兵燹，移家庙神主于所居正室，每晨奠拜，有事必告，终身如一日。年九十不事杖，犹灯下书细字，一日笑谈而卒。先是谕诸子曰："我死，尔等勿制绸缎衣，以伤我朴素；丧间勿用佛事动鼓乐，以坏我家法。

郭壁村古建筑群

死而有知，不享尔祭。"诸子遵其教，不敢违。迄今沁士人犹曰："澹庵先生真古君子也。"所著有《澹庵集》《韩氏家谱》《言行录》，皆系手抄，藏于家。

韩崇朴，字佚园，韩范曾孙。清光绪《沁水县志》"孝友"条云：

韩崇朴，字佚园，庠生，韩王村人。范曾孙，有才誉。五岁失母，自解去采衣，不茹荤血，擗踊哭泣如成人，乡里以为奇。闯贼犯州邑，设伪官，专以拷掠士大夫取金帛为事。至邑，大索通政家。崇朴方弱冠，先诸父往辩，贼令前，抗不屈，贼错愕咋舌。贼围所居寨，父先穴墙遁。崇朴不见父，恐陷贼中，出寨外寻父。为贼酋所得，授以一枪一包，置麾下。寻以他语，绐贼脱身。走阳城白巷里，至则父在焉。其时天晦冥，不知道，会白犬引之乃得达。初遇贼时，身已被创，求父迫，竟忘其痛。父视其背血沾泥，始知其为创也。其诚孝如此。

韩君恩，明嘉靖三十五年（1556）进士。

韩朏仁，字伯愉，别号经宇，明万历二十八年（1600）举人，二十九年（1601）进士。官至青州知府。清光绪《沁水县志》收录王廷玺撰写的《韩青州公传》：

韩朏仁，字伯愉，别号经宇。万历庚子举人，癸丑进士。授廷评，览讯牒，恒至丙夜、多所平反。由寺副迁寺正，凡三年，擢青州府。兴学校，清滞狱，摘黠吏，抑豪右，开水田，惩左道，治状不可指数。

适白莲教聚数千人，有欲借以为功者，公第捕其首恶抵法，众皆解散。尝署道篆，钩余数百金，悉以归库。管库者以例请公，厉色挥之曰："若知取美例耶？不知不取美吾例也。"郡多缙绅大夫，公抑之，不使食齐民，而造请酬酢，必以礼诸公，人人悦。方莅青，举舆迎太恭人，蒸蒸色养，上酒炙手，择而荐之。

无何，仲讣至，一痛几绝，一如季场。时巳，日夜悲思曰："人四体而失其二，何能身？"遂上书告归养，不允，则敕其子瑁，御太恭人先归，竟解郡去。去之日，老稚牵衣填道曰："公毋弃我。"则又泣曰："公果弃我矣。"抵家旬月，下其章，乃得请准，以副使职衔，终养家居。旦夕敛色，为母委曲慰解，务得其意。相之抚育仲季诸孺子，爱逾于所生。稍长，课之读，不忍加扶，而时抗子瑁，法以示警。且推橐，以益诸孺子。俾之有室家，美轮奂焉。及析箸，每见辄流涕，即一食弗共案弗甘。

会上磔夺情逆党，特下明诏，广求天下孝子。凡终养在籍者，加散官一级。有司言其状于御史台，暨台使者以闻，奉旨旌其门曰节孝公。为人侃直无它肠，有不可辄义形于色，初不知人间有儇巧者。历官二十年，一切赞谢俱绝。其却莒州守及许参将赂，尤表表者。

大约公淡于嗜欲，自奉极俭，食不过算器，衣无重彩，门不纳优人。迹而其好，施予则异是。宗戚中壮有室，殁有归，孤寡有衣食，其半皆于公乎足然益自卑。卑人所为德，惟恐其忘之；所为德于人，惟恐其不忘也。性尤好静，闷自养母。饶暇晷，手自笺纂《养中》《养才》二篇，以训子及藐诸孺子，不及其他。岁壬申，流寇作难，劫掠村墟。奉母避居山寨，以是日邑郁。忽中风，厥不能语。临终索簿号书"母、母、母"三字，长泪而卒，得年六十五。

王王屋曰：国家之气运，与闾里之风俗，每赖缙绅士大夫挽留之。往不具论，隆万以来，犹不乏醇庞惇固之士，于时朝野上下，皆有可观。自奸党夺情，汨伦伤化，风斯下矣。乃青州公孝友，天性发于诚然。不以二千石易一日之养，而又推本锡类，不忍薄先人之体。岂不可以挽古道而振颓风也哉！虽勋名未终，赍志以殒，然于国家之元气深矣。

王度，王廷玺子，明崇祯十一年（1638）举人，清顺治三年（1646）进士。刑部主事，升员外郎中，补顺天霸州知州。清光绪《沁水县志》"卓行"条云：

王度，由进士累官霸州知州。值水灾，百姓饥溺。修城赈荒，不遗心力。以疾告归。为人纯孝，隐德疏财乐易。

王纪，顺治九年（1652）进士。初授翰林院庶吉士，改山东参政。清光绪《沁水县志》"品望"条云：

王纪，见选举。为给事中。疏撤浙闽总督，纠冢宰铨政舛错，以忠直见忌。外转陇右道参议，治绩为天下第一，敕赐蟒服褒异之。升苏松兵备副使。湖寇张唐作乱，统兵剿平，咸服其才。寻升济南道参政署臬篆，审于七判案，昭雪冤诬数千人，两省立有碑祠。终养归，周恤亲族，议者比之范文正公。吴逆叛，公卿交章保举参赞四川军务审缮，《灭贼》《抚民》二疏入告，世论伟之。

张之屏，明隆庆元年（1567）举人，万历二年（1574）以二甲第四十名登进士。任河南禹州知州，升礼部员外郎中、山东布政司右参政，后调任陕西布政使司左参政。入《乡贤》。

张洪翼，张之屏三子，明万历三十一年（1603）举人。初任陕西朝邑县教谕，后迁威县县令。张洪翼原配王氏为山西阳城县人，为明万历年间光禄大夫、吏部尚书王国光长子王兆渠之女。

张洪献，张之屏次子，明万历十九年（1591）举人。

赵玉其，著名作家赵树理的老师。赵树理小时经常到赵玉其的居所"东院"学习。

五、价值特色

郭壁村是极具沁河流域地方特色的堡寨式古村落，曾是沁河流域的商贸重镇。其村落街巷形态丰富，建筑种类繁多，是明清时期沁河流域乡村集镇的代表，也是研究北方村落历史演变和社会发展的重要实物资料，具有较高的历史价值、艺术价值、科学价值和社会文化价值。

郭壁村古建筑群从选址、规划到营造，充分遵从自然、利用山水，选址背山面水，规划聚散有度，营造依形就势，体现出较高的科学性和合理性。其建筑和山水有机交融，是人与自然和谐发展的典型实例。

院落空间尺度宜人，建筑比例协调，细部设计巧妙，建筑装饰优美，体现了沁河流域先民的文化素养和审美理念。

郭壁村的防御建筑为研究明末北方民间的自我防卫建筑体系提供了重要的实物例证，同时也是村民共同抵御强寇、团结一致保卫家园的真实体现。

郭壁村古建筑群蕴藏着丰富的历史、文化信息，独特的建筑及生活配套设施蕴藏着沁河流域先民的生活方式、审美理念和人生信条，是沁河流域农耕文明的重要载体。

六、文献撷英

(一) 匾额

郭壁村现存历史匾额 68 方，保存于院落、楼阁门上，其中郭北村 33 方、郭南村 35 方。材质以木石为主。内容以教化励志为主，兼有宅院名称、地位官衔等，体现了郭壁村人的文化素养、追求和审美。

如"肃雍"匾，肃者，敬也；雍者，和也。意思是一个家庭若有"敬"与"和"这两种家风，则是兴旺的征兆。

"树德务滋"出自《尚书·泰誓下》，树，建立；德，德行；务，必须，定要；滋，增益。意思是一个人如果想要成为有道德的人，必须不断地修身以养性养德。

还有"日宣三德""敦仁""循礼有常""忠信笃敬""忍让""学恕求仁""耕读""中和""勤俭恭恕"等匾，都是用以教化励志、教育家人。

(二) 碑刻

郭壁村现存碑刻 15 通 (方)，其中 14 通 (方) 集中保存于郭南村崔府君庙和观音阁，内容以明清两代重修、补修记事为主。

《郭壁府君庙重修记》，明嘉靖七年 (1528) 二月刻石，李瀚撰文。现存于崔府君庙内。

《郭壁镇重修子孙祠记》，明嘉靖四十四年 (1565) 刻石，王实宋撰文。现存于崔府君庙内。

《重修府君庙神祠记》，明万历四年 (1576) 刻石，韩可久撰文。现存于崔府君庙内。

《郭壁镇重修府君庙记》，明万历三十五年 (1607) 三月刻石，韩范撰文。现存于崔府君庙内。

《大岩东门观音阁记》，明崇祯十一年 (1638) 刻石，张贺撰文。现存于观音阁内。

《新庙子孙祠记》，明壬戌年（具体年代不详）刻石，张洪恩撰文。现存于崔府君庙内。

《郭壁镇补修府君庙记》，清康熙五年（1666）刻石，韩仰斗撰文。现存于崔府君庙内。

《郭壁镇起修大庙记》，清康熙八年（1669）刻石，韩肫仁撰文。现存于崔府君庙内。

《补修大庙记》，清康熙十三年（1674）刻石，韩张撰文。现存于崔府君庙内。

《补修大庙记》，清康熙十三年（1674）刻石，韩增寿撰文。现存于崔府君庙内。

《郭壁文庙祭田碑记》，清康熙二十四年（1685）二月刻石。现存于郭北村。

《关帝碑》，清康熙二十五年（1686）刻石，王锡五撰文。现存于崔府君庙内。

《重修观音阁碑记》，清咸丰二年（1852）刻石，赵维撰文。现存于观音阁内。

《文庙重立祭田碑记》，民国十五年（1926）刻石，无名氏撰文。现存于崔府君庙内。

《府君百字铭》，韩范撰文。

（三）碑文选录

【郭壁府君庙重修记】

镌刻于明嘉靖七年（1528）二月。碑石现存于郭南村崔府君庙。螭首，龟趺座。石灰岩质。碑首篆书"府君庙重修记"六字。通高 325 厘米，碑座高 50 厘米、宽 91.5 厘米、厚 150 厘米，碑身高 185 厘米、宽 90 厘米、厚 20 厘米，碑首高 90 厘米、宽 92 厘米、厚 26 厘米。碑文楷体竖书，记述了郭壁府君庙的地理位置、创建年代、历史沿革，以及崔府君的生平事迹、奉祀缘由。李瀚撰文，王简书丹。碑裂为三块，修复后立于崔府君庙，上部字迹不清。碑文如下：

郭壁府君庙重修记

郭壁古镇也，距县治东南百里有奇，川原沃衍，草木茂兹，其人勤而多富，居则耕桑，出则商贾，俊义弦诵之声后先罔辍。故自昔以善俗称焉。镇西不百举武旧有□□，元丰八年，居民所作，中肖唐崔府君像而奉其祀也，有祷斯应，有问斯告，着响宣灵四百四十余年。于是间，若金之大定，元之大德，国朝之永乐、成化，盖世□□相沿，重□□一愿，岁久复敝，神栖靡安。乃正德辛巳岁夏，耆老王儒倡为完复，远近闻之，咸乐于赞助。庀工度材，涓吉将事，朽者易□□□□□□□于者□□□曁膢之载离寒□始克告成，昉自殿庭以建门庑，为屋凡六十九楹，规模壮丽，像设尊严，春秋犇走，登降有容，儒悦甚□□□□□□□□□□逢会，岁以三月下旬之五日，十月上旬之十日为期，交相贸易，彼此便焉。逾四年，为嘉靖丁亥，复以岁月未有纪述，遣其□□□□□□□□□□志□牲之石。予者拙，固辞不获已也，故勉强为之书之。谨按《山西通志》及遗《山阳平庙记》。

府君讳元靖，太原乐平人，太宗□□□□□□□□□河东道采访使，与长子蔚刘内行弗备，且有赋赋之鄗。时县有虎害，府君谓二人者宜营之，已而果然。及一孝子往樵，道触虎□□□□□□□□□之，正昼雾塞，阴崖风生，虎自林薄中出，震栗为俯伏状，遂缚以归，使服其罪，民以有功而□事之。厥后四方向慕，祠宇日新，或谓之亚□，或朗之□□王者。唐史无文，祥则□□考也。

夫由汉以来，称循吏者多矣，政在一郡，则祀于一郡，政在一邑，则祀于一邑，概未有如府君之祠□盛者也。远而益恭，义而益□，穷乡陋壤之□举知寅畏，不有自而然哉？

盖天地之妙，万物者神也。神之使之者气也，得乎气之纯美，则为伟人，不依形而立，不□□□□□□□□□□□□□□与阴阳同用，与日月并明，不幸中道而沮，弗究厥施，则精爽不泯，复为明神。其来也不测，其屈之必伸，固其理也。府君禀赋异常，设施未□，迨今生气□□犹能动物，苟使当时得以柄用，则上焉致君，下焉泽民，其于政治宁不大有补耶？惜乎，循良之传不列于青史之间，千载而下，诚不能使人不愤懑也！沁水固长子邻封，郭壁又长子近境，仰其遗风，思其余烈，事其在天之神而致其敬，焄蒿凄怆，如或见之，谓非出于天理，民□之正，可乎？虽然，非礼之祭□神所不享也。

我太祖高皇帝□天立□，表正百神□号前代追封之□□切罢去。府君之主亦惟题曰"唐长子县令崔公之神"，斯于名为正，于礼为宜，不如是，则笾豆虽丰，神其吐矣。于戏！□□祸□神□常道妄灵揭处人有□礼，礼不可黩，道不可诬，至诚感召，神有弗鉴者乎？巫觋造言，厚诬正直，神果有知，殛之久矣。儒辈图焉，无亦见□□神也。儒□镇□家谨身节用，比年□大祲，亡者相枕藉于路，首应劝分例发粟数百斛，入相赈济。诏授仕服，以荣厥身，与此皆义□□因并识之。

大明嘉靖七年岁次戊子春二月初吉

赐进士资善大夫南京户部尚书致仕奉诏进阶荣禄大夫前都察院左右副都御史吏部左右侍郎七十六翁邑人李瀚撰

国子生王简书窦庄　窦周镌

【重修府君神祠记】

镌刻于明万历四年（1576）四月。碑石现存于郭南村崔府君庙。螭首，方形座，石灰岩质。碑身高176厘米、宽78厘米、厚22厘米，碑首高86厘米、宽84厘米、厚26厘米。碑身周边刻云纹。碑文楷体竖书，记述了府君神祠之规模及重修情况，并谈到王法赏罚与鬼神祸福之关系，认为王法加鬼神才是真正的"天网恢恢，疏而不漏"。韩可久撰文，韩子义篆额，苏守志书丹。保存完整。

韩可久，字尔微，号小溪，郭壁村（今郭北村）人。明隆庆四年（1570）举人，未涉仕途而卒。

韩子义（1530—1604），郭壁村（今郭北村）人。明隆庆元年（1567）恩贡，任陕西西安府永寿县知县，补甘肃环县知县。因与上司政见分歧，致仕归里。诰封承德郎、工部主事，加封中宪大夫、通政使司右通政，累封奉议大夫、兵部武选司郎中。碑文如下：

重修府君神祠记

郭壁镇，去县城东百里，居民数百家。镇之南，旧有神祠一所，创于宋，重修于金、元，而恢弘于国朝之永乐、成化、正德，上下盖五百有余岁矣。祠正宇祀府君神；左祠二：白龙神、武安神；右祠二：子孙神、牛王神。其东为庑，为厨舍；其西为庑，为李公祠。其中为拜堂，次乐舞楼，次二门。门之外有地藏殿、五道殿，居左右焉。至其南为大门，门之内又有厦数间，列于门之两傍。然岁时既远，俱圮坏，日就欹侧，实无以妥灵。乃里中会推辰溪公宰其社，公诣庙四顾，太息曰："兹固祈报之所，籍以劝善惩恶之区也，可令如是乎？"遂率众会资，聚群材，饬百工，出其身以当其难，即置家务不遑恤。修葺前后殿宇、东西廊庑、拜堂、舞楼、厨舍，悉如旧制。相旧府君祠陋隘，乃为高大之。既拓既峻，祠始巍焕倍昔。大门故止一门，制甚俭，仅容出入，而屋于其傍者，亦卑而陋焉。公以为不克称，乃创建门楼三楹，下辟而为三门。其左右廊房，悉更新之。增有创无，制益克拓。又视诸祠中，宜有咸缺者，辄营治之。凡春秋祈祷，岁时伏腊之仪，百尔器备，悉治如式。更以其黝垩丹漆，饬诸内外而新之。自是规模焕整，庙貌森严可观。计工始于嘉靖癸亥五月，至万历丙子三月。公恐久而与祠俱泯，因托庠士王君体悉、赵君凤鸣嘱余记。余稔知，敢以不文辞哉！遂勉识之。

夫域中有二权，明曰王法，幽曰鬼神。王者用其赏罚之权，以命德讨罪，而天下以惩以劝；鬼神用其祸福之权，以福善祸淫，而天下以吉以凶。二者更相助，以制天下之是非，然后可以常行于世。世人固有恣睢凶毒，肆然于礼法之外者，而理官者峻法以斥之，严刑以笞之。其欺益神，顾其于鬼神，辄皇惧战栗，骇汗却缩。即至狡抗者，亦瞿目僵舌，悚悚然不敢出一衰语，惟恐其获戾，为诸神鬼所苦也。是其畏法也以貌，而畏神也以心。何故哉？岂非以王法明而显，人尚得以巧于趋避而欺之；鬼神不可测，人固难于趋避，而有不敢欺之者乎？即其不敢欺，悔过迁善，以不诡于礼法，则鬼神者，固所以济其王法之不及者也。然则吾乡之增修神祠也，诚当哉！诚当哉！虽然，神不可黩，祭不可谄，必积德于冥冥，斯获报于昭昭。外是而作咎，妄黩恐无益，徒尔速戾也。

辰溪公讳君惠，余之从叔也。佐理于先者，王子香、韩孝；佐理于后者，张朝衣、王惟浚。庙既成，因得并书。大明万历四年岁次丙子孟夏之吉

乡进士邑人韩可久撰

恩进士邑人韩子义篆

邑庠士镇人苏守志书

社首韩君惠综理

玉工　窦尚礼刊

【郭壁镇补修府君庙记】

镌刻于清康熙五年（1666）。碑石现存于郭南村崔府君庙。长方形，长 103 厘米、宽 40 厘米。石灰岩质。碑文楷体竖书，记述了郭壁村补修大庙情况。韩仰斗撰文，韩崇朴书。保存完整。碑文如下：

郭壁镇补修府君庙记

郭壁镇原在今河之东南，府君庙在西南，旧子孙祠原庙之西角殿也。天启三年，爆涨侵庙，先通政府君集众议，改创渭沟之北，其费给予庙柏经营。方定，众工既兴，府君遽捐馆，人各为政，以有余之钱粮，大势谨完而终亏一篑，历年正殿忽漏，合力修补，而舞楼三门渐坏，容宇王太公，继先人赠公之志，起盖三门加工舞楼三门，内创西廊四楹，并戏台前后院俱墁以砖，计费百有余金，输心布施，即病伏枕间，常委人督理，以底于成，甚盛举也。或曰："庙工必完而使之阙，工遂废而复举，兹者废而举阙而完，得无嘿之者乎？" 予曰："唯唯，公不平治河东西大道乎？赴者夷之，窄者辟之，险处以短垣护之，镇内数水口，以灰石坚砌之。居民户诵载道口碑无量功德，亦果有若或使之者乎。痛念府君主持迁创，更留意于文庙佛堂，一片苦心于今埋没，得公而稍彰。今公一片善念，结一镇难结之局，了前人未了心，善始全终，后先济美，亦乡人之所喜谈乐道者。窃不自揣有感，一言以俟来者，或能心公之心，而庙貌庶几永有赖乎。"

康熙五年五月之吉

愚叟韩仰斗撰

韩崇朴书

窦肫镌石

【补修大庙记】

镌刻于清康熙十三年（1674）十一月。碑石现存于郭南村崔府君庙。长方形，宽 111 厘米、高 39 厘米。石灰岩质。碑文行草体竖书，记述了郭壁村补修大庙缘由及总理捐募等情况。韩张撰文。保存完整。

韩张，字杰一，郭壁村人。明崇祯十五年（1642）举人，授山西太谷县教谕。清顺治十二年（1655）进士，历官湖广桃源县知县。碑文如下：

补修大庙记

吾镇神庙颇多，惟此庙气局甚宏，诸神之殿宇亦甚备，岁时祈报，悉于此为凭依，故自□皆称此为大庙云。庙之始而创造，既□迁移，其详备载先达各碑记中，无庸再赘。独是年深日久，雨渍风摇，螻穿鼠嚼，兼有会赛暨诸节之往来，隳摧磨折，非藉□葺，保无尺五之虞乎？即前之社首尝□之，焉有此虑，然非夺于腾议有口，则苦以经赍无资，故屡议举行，旋即中止。嘻！立功盖若斯之难哉！康熙己酉间，众以首社难其人，特推赵君永昌、王君权偕余堂弟□共贤劳此任。及受事后，凡庙中所应为办理者，悉如法备之，不遗余力焉，以故年来社事浸有兴盛之意。至庙以内，蹬级之不无缺略者，墙壁有颓败者，楹桷板槛之渐近挠折者，盖瓦□□之破没者，□白之漫漶不鲜者，甚而厨司宿所位置先官于神阁不无渎亵者，因循不理，长此安穷？诸君毅然曰："以此栖神滋神恫矣。我辈既身首此社，则修葺之责舍我其谁？"由是不辞劳勤，或于社事有存留，或于村众有募化，积少成多，遂鸠工□匠，缺略者补之，颓败者扶之，挠折者更易之，破没不鲜以及先于位置者，咸逐一董治之。虽规制仍前，然而庙貌聿新，视畴昔为丕变，诸神之灵庶其得安矣乎！

夫神悦则民安，理固不爽，于以造福本土，良兆□□，使后之人皆能如是，则又押年深日久之足虑也。因思人顾矢志谓何耳，如立志甚坚，则古之人且将以天下为己任，一社一庙又何足难焉！诸君勉既心力，卒致用不缺费，获竣厥功。即间有腾议，弗问也，所谓有志者事竟成，诸君洵为可嘉也欤！因搁笔书此，既不没诸君之绩，并可借此以励后之首社者。

康熙甲寅仲冬之吉　镇人　韩张谨□

甲寅修工施银姓氏：

郎中王度　三钱　　知县韩张　　木十二根

参政王纪　砖五百　知县赵育溥、廪生赵永昌　各三钱

贡生韩瑞　二钱　　贡生韩万户　一钱　　　生员韩宅仁　五钱

生员韩斌、韩琮　　生员韩瑄　　生员王左、韩环

廪生韩□政、韩来胤、韩璠、赵家瑛

生员李偷　生员王霍

生员李俱

【郭壁文庙祭田碑记】

镌刻于清康熙二十四年（1685）二月。碑石现存于郭壁北村。长方形，宽60厘米、高45厘米。石灰岩质。碑文楷体竖书，叙述了文庙祭田之由来以及祭田四至。无名氏撰书。碑文如下：

郭壁文庙祭田碑记

文庙祭田，坐落李庄西滩，其初原系本村耕地，浸以沁河冲塌，遂成沙滩地。邻屡为争占，时通政韩公极意向公，因约本村在学诸士相与讼理，已经口官裁断，公入□文庙，此则祭田之有由来也。然而地之界限未清，犹多侵占之端。自顺治八年，公同踏验四至，咸登簿籍。其地东至河道，偏南有小重栈一边系李庄地，南至

水沟口，西至大河，北至册河口滩，东北方有李庄园地约六七十亩。又最北地一处，即东邻李，北邻杨家之地也。但恐年久□□，后无可考，因照旧籍四至勒石永存，后起者或亦不至无据云。

康熙二十四年二月□□日合镇绅士立　玉工豆凤召镌

【府君庙诗碣】

镌刻于明万历四年（1576）四月。碑石现存于郭南村，镶嵌于崔府君庙外东墙壁。长方形，宽 57 厘米、高 44 厘米。石灰岩质。碑文行草体竖书，描述了郭壁崔府君庙维修后的变化。王体悉、韩子义作，韩子义书丹。保存完整。碑文如下：

庙貌尊严喜落成，振颓起新若群情。

仰看仪饬更新制，外看宫墙逾旧形。

千载神祇隆享祀，一方黔首落清平。

而今重见徯斯绩，勒石章程颂盛名。

西麓王体悉咏

一时庙貌喜新成，伟绩昭垂慰众情。

鸟革翚飞增旧制，龙腾凤翥迈常形。

祷尔神祇辉玉烛，愿言民物乐升平。

点劳不惮徯斯苦，千载教人仰令名。

仁居韩子义□

府君庙重修，悉社首君惠韩公之力也。公以义动人，而人咸乐于趋义。历三载而工告完，一时庙貌规整，焕然盛矣。西麓王子为诗鸣其盛，余因而和之，不计其工拙也。

仁居书识

万历四年四月望立石

豆庄　豆尚礼刻

02 窦庄古建筑群

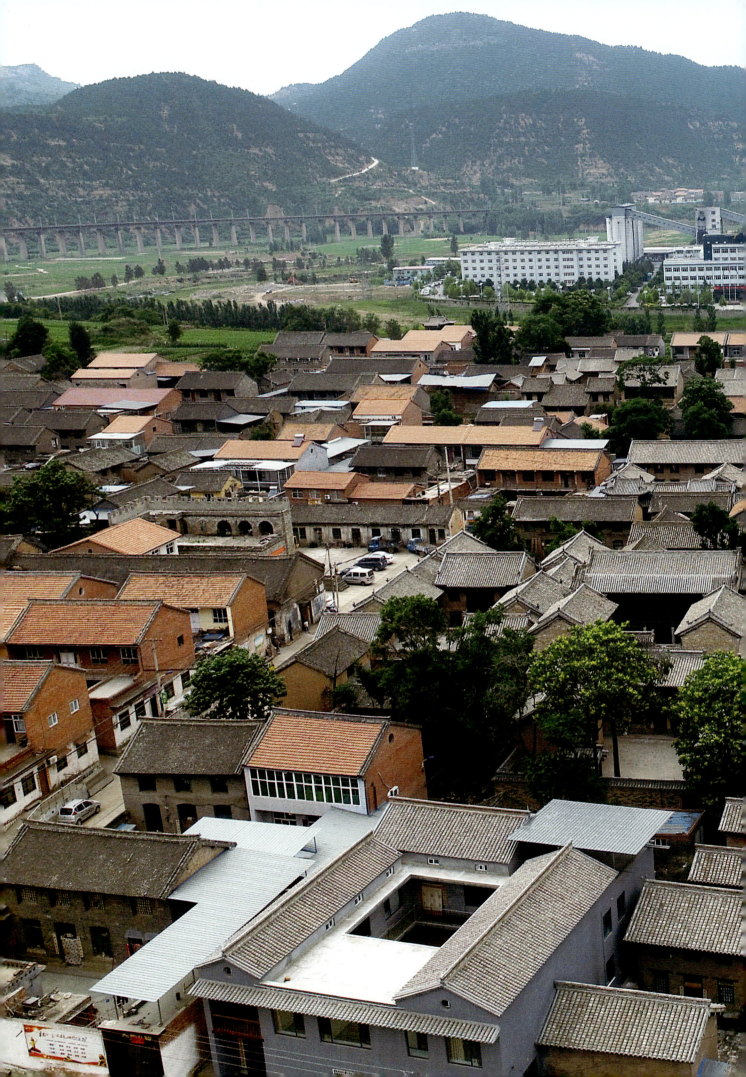

窦庄古建筑群

窦庄古建筑群 / *DOU ZHUANG GU JIANZHU QUN*

一、遗产概况

窦庄古建筑群位于山西省晋城市沁水县嘉峰镇窦庄村。窦庄村为第四批中国历史文化名村，选址在沁河西岸一块宽阔的河谷平地，西距沁水县城50公里，东与卧虎庄村隔河相望，南与郭壁村相邻，西与小樃山（卧牛山）相依，北隔沁河与曲堤、坪上村相峙。

窦庄村东西、南北各200余米，村内主要街道"三纵一横"，"三纵"即集上街、南街和北街，"一横"指东西街。现存文物建筑面积约4万平方米，佛庙主殿及配殿为元代建筑，其他为明清遗构。以民居为主，兼有庙宇、宗祠、戏台、楼阁、书房、校场、法庭、地牢、牌坊、商铺、城墙等，集居住、祭祀、娱乐、教育、生产、防御等多类型建筑于一村，是沁河流域明清时期较大的古堡式村落。

2006年5月25日，窦庄古建筑群被国务院公布为第六批全国重点文物保护单位。

二、历史沿革

（一）家族溯源

窦庄是以窦氏、张氏家族为主的血缘聚居村落，初以窦氏聚居。陈廷敬在《张鉥传》中云："窦庄者，故沁名区，在榼山下，山绝奇胜，沁水环焉。所居人多窦氏，里因以名。"据《窦氏家谱》附考记载，窦氏源于妊姓。五代时，窦贞固取进士，任职于后唐、后晋、后汉，周世宗时官场失宠，沦为平民，因"宦不返流"，举家迁至沁水，窦氏便"遁迹吠亩"。另据《宋史·列传第二十一》载，窦贞固官场失意后，"放旷山水，与布衣辈载酒以自适。开宝二年病困，自为墓志，卒，年七十八"。窦贞固葬于蒲城罕井镇。宋真宗祥符初年，贞固玄孙窦旌"自扶风奉先（今蒲城县）迁泽州端氏（沁水县）"窦庄，生子窦勣。窦勣年仅32岁疾终于家，安葬于"沁湍之上，榼嵩之旁"。

宋神宗时，窦勣子窦璘之女被选入宫，"列圣前几三十余年，勤劳恭顺，夙夜匪懈，宫闱之间，上下辑睦"，被封为"翊德保顺勤惠肃穆夫人"。皇帝时常对其封赏，窦氏一门得以加官晋爵，其祖父窦勣封赠"右领军卫大将军"，祖母吕氏封"建安郡太君"，父窦璘封"左屯卫大将军"，母罗氏封"宜春郡太君"，叔父窦阙封"监门卫大将军"，兄窦质封"三班奉职"。"爵命之荣，上及祖考，旁禄其族子，官者几十余人。"窦氏自此成为显族，代有传人，或文，或武，或以孝义闻，或以节烈著，人才辈出，光耀门楣。自宋至清，窦氏一族在朝为官者达51人。

窦氏是窦庄最早的主人，然而真正使窦庄扬名天下的却是窦庄的张氏家族。张氏家族在元朝末年由阳城匠村迁入沁水窦庄。到明代中后期，张姓门庭人丁兴旺，金榜题名者接连不断，从张谦光起，辉煌十余代而不衰，成为沁水最有影响的一个家族。明清两代，张氏家族人才之多、影响之大以及在窦庄的地位之重都远远超过窦氏家族，因此成为窦庄新的主人，对沁水的政治、经济、文化等方面作出了巨大的贡献。

01 窦庄古建筑群航拍远景

（二）选址营建

窦氏为官宦之家，选址择地重视风水。在清光绪《沁水县志》地图上可见，窦庄背靠蜿蜒起伏、形如蛟龙之榼山为玄武，东临自北而来、东转而南之沁河为青龙，西倚重重叠叠、云雾缠绕之卧牛山为白虎，南面平坦之河川阔地为朱雀，为枕山、环水、面屏之理想环境。

据记载，窦庄始建于宋元祐八年（1093）。营造时先圈定村落范围，根据八卦卦象，在乾、坤、坎、离四个方向定位四个点建宅。窦氏家族堂构四门，以齿为序建造起四处宅院，各立门户。其外环以围墙，在另外四个方向设门，形成一个全封闭式庄园。为了不挡窦氏先茔之气脉，在祖茔之东留出一片空地用以习武，即习武场。"八卦四方一点穴"之布局，是为宋时之窦庄。

元《沁水县窦庄村新修佛堂记》如是描述："今则此庄之异，奇胜一方，榼峰北仰弥高，沁溪东注而益深。淅城南望，凌汉磨空。石柱西凭，卧红堆碧。四围胜概，犹阙福田。"虽宋代建筑已不存，但从前人之记述及建筑遗存之布局，也可窥其貌之一斑。

（三）窦庄明代城堡营建

张五典，字和衷，号海虹，世称宫保公，明万历二十年（1592）进士，官至山东布政使参政、南京大理寺正卿，因其子张铨死于辽东战事加升兵部尚书，天启三年（1623）乞养终。张五典任官期间，曾亲自处理过河南、山东等地民变。他见朝廷日益腐败，灾荒连年不断，百姓饥寒交迫，"度海内将乱"，为保族人，遂着手修建窦庄城堡。窦庄城堡于天启三年（1623）开工修建，三年后张五典因病去世，后由张铨夫人（霍夫人）率众于崇祯三年（1630）建成。窦庄城堡建成后第二年，陕西发生民变，于山西连克州府，并先后攻破沁水、阳城县城，在窦庄城堡面前却败北而去。清光绪《沁水县志》记："窦庄堡，张宫保天启年间筑。值寇乱猝起，杀掠甚惨，邑持此全活者，数百余家。"

三、建筑特点

主要院落及建筑共计 42 处，可分为如下数类：

民居宅院，包括窦氏老宅建筑群（窦氏老宅上院、窦氏老宅下院、南花园、耕读院）、尚书府上宅建筑群（尚书府上宅大门、尚书府上宅二门、尚书府上宅）、尚书府下宅建筑群（世进士第、戬谷院、西三进院）、张氏九宅建筑群（燕桂传芳院、凝瑞院、对厅院、北门里院、寅宾院、书房院）、窦氏东关建筑群（卢家院、南院、武魁院、窦四宅、孝友院）、贾氏宅院建筑群（贾氏一院、贾氏二院、贾氏三院）及三串六院、五凤楼、常家大院、旗杆院、慈母堂、藏宝楼、商铺。

宗祠、庙阁，包括窦氏祠堂、三圣阁、财神庙、观音堂、佛庙、张仙阁。

公共建筑，包括古公堂、地牢、武房院。

防御性建筑，包括北堡墙、西堡墙、南堡门、小北门、藏兵洞。

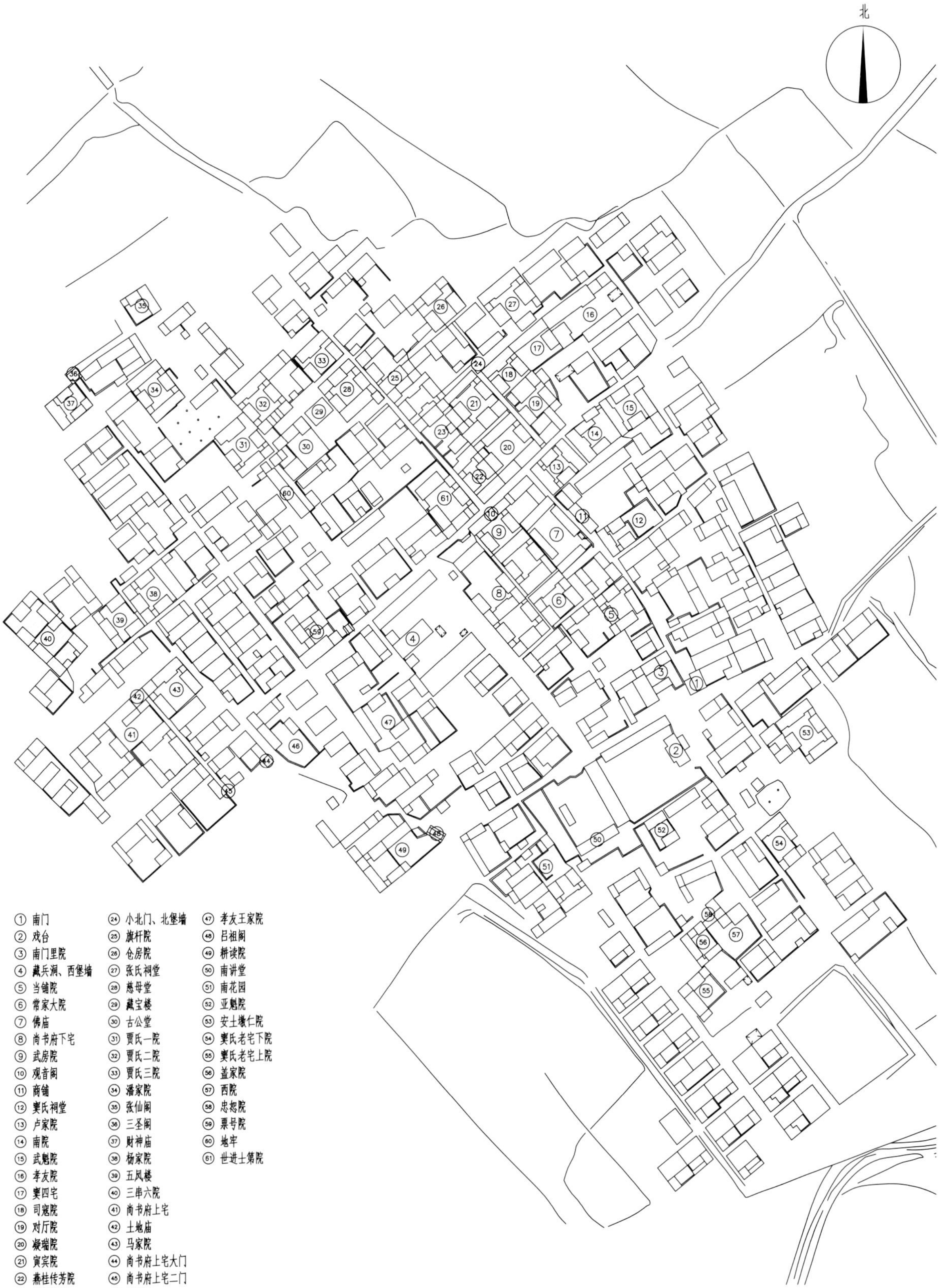

① 南门
② 戏台
③ 南门里院
④ 藏兵洞、西堡墙
⑤ 当铺院
⑥ 常家大院
⑦ 佛庙
⑧ 尚书府下宅
⑨ 武房院
⑩ 观音阁
⑪ 商铺
⑫ 窦氏祠堂
⑬ 卢家院
⑭ 南院
⑮ 武魁院
⑯ 孝友院
⑰ 窦四宅
⑱ 司寇院
⑲ 对厅院
⑳ 凝瑞院
㉑ 寅宾院
㉒ 燕桂传芳院
㉓ 北门里院
㉔ 小北门、北堡墙
㉕ 旗杆院
㉖ 仓房院
㉗ 张氏祠堂
㉘ 慈母堂
㉙ 藏宝楼
㉚ 古公堂
㉛ 贾氏一院
㉜ 贾氏二院
㉝ 贾氏三院
㉞ 潘家院
㉟ 张仙阁
㊱ 三圣阁
㊲ 财神庙
㊳ 杨家院
㊴ 五凤楼
㊵ 三串六院
㊶ 尚书府上宅
㊷ 土地庙
㊸ 马家院
㊹ 尚书府上宅大门
㊺ 尚书府上宅二门
㊻ 当铺院
㊼ 孝友王家院
㊽ 吕祖阁
㊾ 耕读院
㊿ 南讲堂
(51) 南花园
(52) 亚魁院
(53) 安土墩仁院
(54) 窦氏老宅下院
(55) 窦氏老宅上院
(56) 盖家院
(57) 西院
(58) 忠恕院
(59) 票号院
(60) 地牢
(61) 世进士第院

02　窦庄古建筑群文物建筑分布图资料

（一）民居宅院

深宅大院是家族兴盛的体现，尤其是功名在身者，更要大兴土木，重建府第。现窦庄村保存的张家府第便有 3 处，分别为尚书府上宅、尚书府下宅、张氏九宅。

1. 尚书府上宅

尚书府上宅位于窦庄堡西瓮城，为张氏老宅。明天启年间在老宅周围修建堡墙，建成窦庄堡的瓮城。

上宅坐西朝东，大门楼设于东南角，一条南北小巷将六个宅院及大、小花园有机组合在一起，总面积约 4000 平方米。在众多建筑中，最为显赫的是尚书府门楼。残存的门楼高 7 米有余、宽约 5 米，石基砖墙，拱券式门洞，门头以砖雕斗栱装饰，拱券镶嵌门匾，上面阴刻"尚书府"三个楷体大字。建筑大都为二层楼阁式，正房下层出廊、上层出楼道，廊内设楼梯；厢房仅楼上正中出一间悬廊，形状似今日建筑之阳台。

03　尚书府上宅大门

04　尚书府上宅二门

05　尚书府上宅二门雕刻

06　尚书府上宅正房

2.尚书府下宅

尚书府下宅位于堡内西街,分为南院和北院,是张铨的故居,修建于明天启年间。

南院位于西街南侧。坐南朝北,街口设四柱三门式门楼。门楼平面呈外"八"字形,由四根高大石柱支撑,明间歇山顶,次间悬山顶,斗栱均为两重花栱,装饰性较强。明楼下层在柱内,为五踩两攒,柱头则增为十一踩四攒。次楼下层为三踩一攒,上层为七踩两攒。两次间砌砖雕墙壁,雕工精细、玲珑剔透。当心间斗栱前原挂一竖匾,上楷书"圣旨",中部书"旌表"。三横坊间施走马板和横披,走马板行书"天恩世锡"四个大字,横披楷书"尚书府"、隶书"兵部尚书张五典张铨"。门楼装饰华丽,高大雄伟。

进入南院大门,左拐有一条南北小巷道,两侧建有三个院落。各院落单独设门与巷道相通,既保证了独门独户的私密性,又能保证畅通。虽然用地紧张,但几个院落在巧妙的规划下互不影响,布局非常合理。

北院位于西街北侧,为一进院落,与南院斜对。门楼为小八角形,由两根石柱支撑,石柱前后有抱鼓石。柱间走马板上行书"世进士第",横批上书"祖孙、父子、兄弟、叔侄联芳"。檐下施两重花栱,下层施三踩两攒,上层施七踩四攒,显得高贵华丽。

07 尚书府下宅大门   08 尚书府下宅大门影壁

09　尚书府下宅门楼斗栱

10　尚书府下宅门楼走马板、横披

11 世进士第大门

12 世进士第东厢房

13 世进士第南房

14 世进士第正房

15 世进士第大门抱鼓石

3. 张氏九宅建筑群

张氏九宅建筑群为明代建筑，位于城堡东北的小北巷（俗称九宅圪洞），是张铨之子张道浚的府第，为窦庄村现存最为完整的一片古建筑。

在九宅巷与东街交会处设大门楼，形制与尚书府下宅北院门楼相似，木门匾上浅刻"进士"二字。九宅巷深54米，可直通小北门出城，两侧主要院落有前院（燕桂传芳院）、主人院（凝瑞院）、夫人院（寅宾院）、北门里院、对厅院、书房院（司寇第）等。

前院位于北街东南，坐东朝西，一进四合院布局。门楼设于院落西南角，拱券单檐悬山顶垂花门。门头镶嵌石匾，上书"燕桂传芳"四个大字。正房建于台基上，面阔三间，进深六椽，单檐悬山顶，前出廊，施石柱四根，前设三阶石梯，建筑规格较高。

夫人院位于九宅巷西北，设两道门，于九宅巷口设门楼。门楼为近代复修，镶嵌砖匾，上刻"寅宾"二字，上饰座钟等砖浮雕，为欧式风格。院内有暗门与前院、北门里院相通。夫人院是九宅内保存最完好的一个院落，建筑装饰精美，华丽气派。

张氏九宅的其他几个院落保存都不甚完整。书房院位于九宅巷深处，门楼有"司寇第"木匾额，进门有一面影壁，是非常幽静的一处院落，为张氏子弟读书学习的地方。对厅院是一处十分狭小的院落，位于九宅大门入口附近，曾经是张氏家族饲养马匹之处。

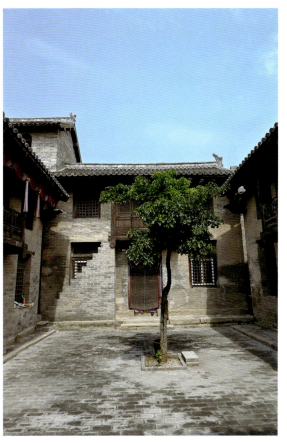

16　张氏九宅大门

17　北门里正房

4. 旗杆院

旗杆院位于窦庄北街东侧，因院门前竖有旗杆而得名。旗杆石础尚存。

旗杆院有南、北两个院落。临街设有拱形砖券门，进门左拐为北院，迎面为南院。北院建筑坍塌损毁严重，已失去原有面貌。南院门楼为砖雕拱券单檐硬顶，拱券顶镶嵌石匾，刻有"笃实辉光"四字。门面砖雕装饰图案丰富，门头砖雕、斗栱精美。门内设有砖雕影壁，墙面菱形锦铺设，四角雕饰祥云、异兽、人物、马骑、花草之类。院南靠城堡外墙，与张氏九宅隔墙相邻。院内南房设有假门，隐藏有密道直通城内。南院建筑窗户和栏板式样丰富，古朴精致，非常有特点。

著名作家赵树理曾于 20 世纪 50 年代居住于此，并将旗杆院写入其小说《三里湾》。受院主人李长有名字的启发，赵树理在小说中塑造了"常有理"的人物形象。

18　旗杆院南院门楼

19　旗杆院南院影壁

5. 窦氏堡东建筑群

在堡内东街南北两侧有序排列着窦氏家族建筑群，是宋代窦庄"八卦四方一点穴"格局中四处老宅之一。现存建筑始建于明初，包括街北窦四宅（已毁）和街南对门院、卢家院、武魁院。

窦四宅遗址尚存石鼓、石狮、石柱，彰显着主人曾经的尊贵与显赫。

武魁院为清窦明运将军的老宅，坐南朝北，为一进四合院。其倒座房檐下正中挂有木匾，上书"克振光献"，彰显着窦明运将军的高尚气节。

20　卢家院大门

21　卢家院二门

22　卢家院南房

23　卢家院东厢房

24　卢家院正房

25　卢家院西厢房

沁

水

卷

26　武魁院大门

27　武魁院南房

28　武魁院正房

29　武魁院东房匾额

30　武魁院二门

31　武魁院夹房

32　武魁院大门抱鼓石

33　武魁院大门抱鼓石

34 南院大门

35 南院西厢房

36 南院东厢房

37 南院正房

38 南院大门抱鼓石

39 南院大门抱鼓石

40　孝友院南房

41　孝友院大门匾额

42　孝友院西厢房

43　孝友院西厢房挑廊

44　孝友院正房

45　孝友院大门门枕石

6. 常家大院

常家大院位于窦庄南街西侧，为清末官僚贾四爷为报恩而随女陪嫁的一处豪宅大院。

常家大院由前、后两个院组成。临街设门，门楼青砖砌筑，门头镶嵌石匾，上书"雍肃"二字，门楼样式装饰为西洋风格。前院建筑后人增补较多，已失去原貌。后院为三合院，有堂房、东西厢房，保存完好。堂房建于台阶上，面阔三间，前出廊，单檐硬山顶。圆形檐柱由特制弧形砖砌筑；门楣、窗楣以砖雕装饰，图案内容丰富；雀替花样繁缛，做工精细。屋檐采用勾连搭做法，把弧线和直线完美结合在一起，建筑山墙造型优美。整体建筑精美别致。

相传贾四爷才高而家贫，科举之年欲上京赶考，苦无盘缠，曾多次求助于檺山寺主持而无果。当时常家并非富户，但仍解囊相助。后贾四爷金榜题名，为报常家之恩，将女儿嫁常家为媳，并投巨资建此豪宅作为陪嫁。

46　常家大院大门　　　　　　　47　常家大院中院大门

48 常家大院中院二层勾栏

49 常家大院中院东厢房

50 常家大院中院西厢房

51 常家大院中院正房

52 常家大院中院西厢房墀

53 常家大院大门石雕刻

7. 慈母堂

慈母堂位于窦庄北街西面,为汾州教授窦珣副室赵孺人教养遗孤处。两进院布局,在北街口设有门楼,门楼上镶嵌书有"敬慎"二字的石匾。进门有砖雕影壁,壁心为六边蜂巢形墙面,边装饰素雅。二进为三合院,坐北朝南,由门楼、正房、东西厢房组成。

门楼为悬山顶垂花门,进门设有影壁,上方镶嵌一块木匾。匾额正面为窦氏后人乾隆辛卯科乡试第十五名举人窦鋋登科捷报。匾额背面为赵孺人侄窦世杰等追忆先烈、鞭策后人的短文,共800余字,言简意赅,论述精辟,事理分明,成为窦家家训,由赵孺人曾孙窦锐制匾。

正房建于石台基上,面阔三间,进深六椽,前设廊,施石柱四根。门前挂大木匾,上刻"慈母堂"三字。整体建筑典雅大方。

窦珣爱慕赵氏贤德,纳为副室,然窦珣早逝,赵孺人及遗孤窦世英相依为命。赵孺人视世英如己出,悉心照顾世英及家人,后辈赞其"大节炳然,既堪与日月争光,是为闺门楷范"。

54 慈母堂大门

56 慈母堂大门柱础

57 慈母堂门枕石

55 慈母堂大门匾额

59 窦氏老宅上院大门

60 窦氏老宅上院大门背面

61 窦氏老宅上院正房

62 窦氏老宅下院南房

63 窦氏老宅下院东厢房

64 贾家二院大门

67 贾家二院大门雕刻

68 贾家大院大门雕刻

65 贾家大院侧门

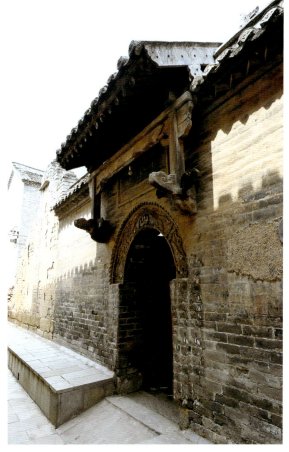

66 贾家大院大门

69 贾家大院侧门雕刻

70　耕读院二门背面

71　耕读院大门

72　耕读院二门

73　三串院大门

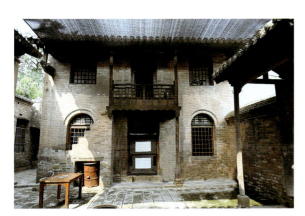

74　三串院东厢房

75　三串院二门

76　三串院西厢房

77　三串院正房

78　寅宾院大门

79　寅宾院南房柱头雀替

80　寅宾院正房望兽

81　寅宾院南房

82　寅宾院影壁

83 当铺西院大门

84 当铺东院正房

85 当铺西院正房

86 当铺南院

87 商铺匾额

（二）宗祠、庙阁建筑

窦庄原有窦氏祠堂和张氏祠堂，今张氏祠堂已毁，仅存窦氏祠堂，位于村南街东侧。

窦庄曾有古庙宇12处、阁9处。庙宇有大庙（烈公庙）、佛庙、财神庙、北庙、文庙、火星庙、观音堂、霸王庙、黑虎庙、五道寺等，规模大小不一，现尚存佛庙、财神庙、火星庙、观音堂等。阁有魁星阁、三圣阁（丁字阁）、南阁、东阁、西阁、北阁、张仙阁等，现保存完好的有三圣阁、张仙阁。

1. 佛庙

佛庙建于元至元二十年（1283）。至元二十五年（1288）的《沁水县窦庄村新修佛堂记》载："其地纵一十六步，广十一步半，东南临道碾，西北至窦英。追戊午春，众社等同心协力，鸠材募工，始建佛堂，就修学舍，岂不伟欤。"

佛庙为一进院落，由正殿、耳殿及东西配殿、东西廊坊、大门楼组成。正殿和东西配殿为元代建筑，明清多次维修、补建。正殿坐北面南，三开间，前出廊，悬山顶。前施四根小八角石柱，上施大额枋，额枋之上施平板枋，明间施补间斗栱一朵。檐柱刻楹联一副："积德之家必有余庆，积恶之家必有余殃。"门枕石有元至正六年（1346）落款。

88 佛庙正殿

正殿中央塑如来，两边塑十八罗汉。东配殿为关帝殿，内塑关圣帝君夜读《春秋》坐像，关平、周仓分立两旁。四壁墙上彩绘有"过五关斩六将"等关公故事，顶棚彩绘龙腾彩云图案。西配殿为阎王殿，内塑雷公、电母。东耳殿为收藏佛经文献之藏经殿。西耳殿为盂兰殿，殿内原塑观世音及其眷属，可惜雕塑和壁画已毁。大门楼为悬山顶，在两侧"八"字形照壁的衬托下显得深邃、宏伟。大门楼为后世增修，其后木匾有文："雍正八年十二月一日，维修东西廊坊十间，重修厨房两间，创修门房三间、仪门一座、东西口墙大门一座、照壁一座……"

89　佛庙东厢房正面

90　佛庙西厢房正面

91　佛庙大门

92　佛庙西耳殿正面

93　佛庙正殿斗栱

2. 观音堂

观音堂位于东西街与北街相交之处，坐南朝北，正对北街，东侧为武房院。观音堂为二层单体建筑，楼上供奉观音，楼下开一小门。体量虽小，但位置显要。

3. 三圣阁

三圣阁位于村西北，坐北面南，青砖修砌，上下三层，兼具防御和风水功能，远远望去雄伟壮观。一层为砖券拱形"丁"字门，东通向沁河渡口，西通向檀山，南通向村内集上街。二层向街开有拱顶小窗。三层顶部前为卷棚凉亭，前后共施八柱置月梁；后为歇山顶望河亭，三开间，东、西、南共施 12 根木檐柱，柱头施井字架平板枋，四角各施角科斗栱一攒，中间每面施柱头科斗栱两攒，斗栱三踩单昂。阁上塑白衣大士像，左文昌，右张仙。阁内存创建碑两通，记载此阁建于明崇祯九年（1636）。右侧财神庙内设砖梯可攀登。

因阁下通道为"丁"字形，因此该建筑又称丁字阁。沁河一带修建此类阁楼之风兴起于明末，盛行于清代。当时每个村庄都要在进村的主要道路上修建一座阁楼，作为象征性的庄门或进入村庄的标志，战时还可以用来瞭望敌情。

关于三圣阁的建设，阁内碑文记载："村之西北隅，初为隙地，距民居东南各二百哉许。迨后营建竟拓，人烟辏集，遂成衢市，始商所为重门，集暴计，设栅栏，一鸟第草创伊始，修缮未同果，不足恃，且堪与家。每以乾方缺为言，心窃疑之。"当有人以西北方应该保留空缺为由推迟、阻拦三圣阁建设时，以张中正为代表的建设者们考察了周边环境并精心设计，认为"事神设险佐地灵，一举而三事，偏为无何地也"。在他们的坚持下，三圣阁得以动工修建，然而在建造初始就遇到了战乱，工程不得已搁置下来，建阁的材料也多散毁。后来战事虽然缓解，但是人民的生活依然艰苦。就这样，六年的时间过去了，等到重新开始建阁的时候，当年筹得的钱财已经消耗在饥馑之年中。窦庄的建设者并没有因此放弃，他们克服种种困难，"复纠集农时工役"，耗时四年，终于使三圣阁屹立于村之西北。

4. 魁星阁

魁星阁位于村西南角瓮堡门南约 50 米处，为二层楼阁式建筑，明代遗构。下层为南北通道，青砖拱券顶，门额所镶石匾阴刻"迎爽"二字。

魁星是北斗七星的前四颗星，传说中主宰世间功名禄位，正因如此，古代文人对魁星十分崇敬。

5. 张仙阁

张仙阁位于村外东北，坐北朝南，面阔三间，高两层，五檩无廊式，悬山顶。

所供奉的张仙爷左手张弓，右手执弹。"弹"与"诞"字谐音，暗含"诞生"之意，故张仙爷被奉为专管人间送子的"诞生之神"。在民间崇拜中，张仙爷是一位很受欢迎的神灵。

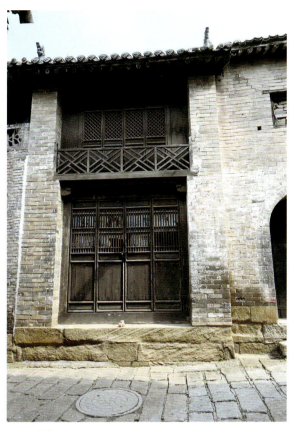

94 观音堂

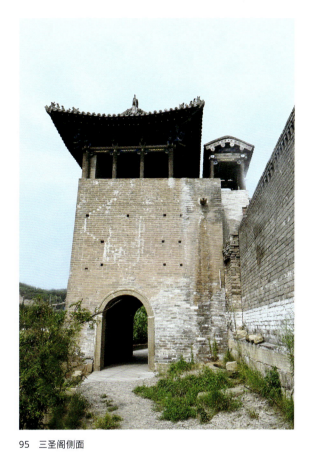

95 三圣阁侧面

96 吕祖阁正面

97 窦氏祠堂大门

（三）公共建筑

公共建筑包括古公堂、地牢、武房院。

古公堂及地牢位于村北。是窦庄古时开堂问审、收押犯人的地方。

古公堂中央为厅堂，走廊宽阔，石柱支撑斗栱飞檐，宏伟壮观，威严肃穆。左右耳房高于主厅，为议事厅。旧时古公堂前有一个小型广场。

在古公堂西南地下5米处，建有一排南北向砖拱窑洞，共8孔，为牢房。窑洞设板门及风窗，地面为条砖铺墁，内置石磨，墙上有铁环。入此地牢必须通过一架梯子下降到5米深处才可以，这是一种原始的有效防止犯人逃跑的方法。在地牢地表北端设有一间看守房，南向地牢设窗。

98　地牢

99　古公堂

（四）防御性建筑

窦庄古堡平面略呈正方形，西北角凹回，南北长约200米、东西宽约190米，周长768米，总面积3.34万平方米。堡墙高10米，墙垛高约1.5米，墙头宽约1.5米。登城墙可绕行，堡墙上每隔一定距离有平台便于瞭望。堡的东、南、西、北四面原各建有大、小两个堡门，大堡门即外堡门，通街；小堡门即内堡门，通巷。小堡门与巷内建筑构成封闭的小防御体系，可自守。堡墙各拐角处建有角楼，部分墙段修有暗道与堡内外建筑相通，便于防守。堡墙下部为条石砌筑，内为夯土，外包青砖。现存堡墙长400余米，含南门一座、小北门一座。

1. 南门

窦庄古堡的主门，砖石结构，高约10米。砖券拱顶。门楼镶嵌砖匾上刻"南门"二字，顶部建有炮口、瞭望孔。南门前原有深壕，用以排泄村西山之洪水，同时也为护城河，上面设吊桥。由于泥沙不断淤积，深壕已不复存在。

2. 小北门

设于北城墙中段拐角处，坐西朝东，石拱券顶，原装有用铁皮包裹的门。内通张氏九宅主巷。小北门内设有楼梯可登堡墙，阶梯陡而狭窄，易守难攻。

窦庄堡小北门设计独特，且其实用性也是经过实践验证的。窦庄堡尽管在《明史》中被称为"甚坚"，但实际情况并非如此，其城墙高度、厚度都无法和县城、州城相比，在泽州州城、沁水县城都被攻克的情况下，窦庄堡之所以能够抵御入侵，除了防守者殊死保卫的决心，城堡建筑的实用性、科学性也不可否认。

101　藏兵洞二层正面

102　南门正立面

103　小北门正面

四、文献撷英

(一) 匾额

窦庄村的匾额非常丰富，几乎每座门楼、每个门洞上都有匾额。窦庄村现存匾额 38 块，按内容分为三种，分别是宅院名称、地位官衔、赞誉和励志教化，其中以励志教化为多，体现在道、德、礼、仪、忠、孝、勤、俭、廉等诸多方面。材质多样，木制门所置匾额通常为木质，砖砌院门上方、街坊楼阁门洞所置匾额通常为砖雕或石质。

慈母堂大门匾额"敬慎"，意为要尊重别人，谨言慎行；二门匾额"念修"，意为念念不忘修身养性。武魁院大门匾额"孝友传家"、二门匾额"敦睦"，意在教人友好和睦；院内东楼木制匾额"克振光献"意为振奋精神，光大自己的计划和谋略。旗杆院二门石制匾额"笃实辉光"，是指要诚实敦厚，光耀门庭；三门匾额"谦益"，意为"谦虚谦恭"。

此外还有"居易""怡善""忠孝""谦益""进士""勤俭""世进士第""寅宾""司寇第""燕桂传芳""凝瑞""天恩世锡""戬谷""德乃福基""武魁""雍肃""树德务滋""怀清""守先待后""德为邻""元吉""尚书府""由善""梦鲜""耕读""敦睦""南花园""凌云""凝和""中和""安土敦仁""修永""怡善""虔中净土""宁琤""安贞吉"等。

(二) 碑刻

窦庄古建筑群保存碑刻 7 通 (方)，主要为修建记事碑，立于建筑内或镶嵌于建筑墙上。

《沁水县窦庄村佛堂记》，元至元二十五年(1288) 刻石，李光祖撰文。

《建三圣阁记》，明崇祯九年(1636) 刻石，张正中撰文。

《建吕祖阁记》，清康熙丁丑年(三十六年，1697) 刻石，张国章撰文。

《创修吕祖阁记》，清康熙三十八年(1699) 刻石，张道湜撰文。

《窦庄辅修南城记》，清雍正十一年(1733) 刻石，张道湜撰文。

《宋窦将军墓碑记》，清康熙四十三年(1704) 刻石，窦斯在撰文。

《新修盂兰殿小记》，清道光七年(1827) 刻石，张舍英撰文。

(三) 碑文题记摘录

【慈母堂木制匾额】

（正面）

捷报

贵宅以《诗经》登

乾隆辛卯科山西乡试第十五名举人窦铤

山西等处承宣布政使司布政使记录三次朱珪

山西等处提刑按察使司按察使记录五次德

山西等处承宣布政守司分守雁平兵侑道锦阁

护理冀宁道太原府知府加三级博尔敦

护理河东道蒲州府知府加三级杨瑾

试汾州府知府加三级记录二次孙如相

（背面）

夫人不事鼓励而自兴起于善者，上哲之资也。若夫中人之性，非有所劝勉激发，鲜有不安检暴弃，以自入于匪僻者。以故古之教家者，多述前言往行，垂为家训，以为子孙善身寡过之助，而又于户牖堂壁书写箴铭，以示鞭策，凡以有触于目，必动于心，为后世虑至深远也。雍正庚戌，杰与弟世英，仰承先人遗志，修造外庭，重门题额曰"念修"，盖有取于无念尔祖，聿修厥德之义。门何取乎是，忆吾始祖讳璘，宋仁宗朝以戚畹封左屯卫大将军，父勋，赠右领卫大将军。其时，子若孙皆拜显官，邀荣宠，且旁录其族宦者十余人，而吾氏称为名门者几二百年。由宋迄元，世以耕读为业，临泉自娱，不求闻达，吾氏称为清门者，几百年。有明，吾族登膴仕者不一人，而本支七世祖讳绅，永乐初由贡士荐授祈门教职，主盟道学，有山斗望。通传高曾世，有隐德，以儒名家。至大父，敦尚古道，重农桑，崇礼教，里闬咸称长者。吾氏称为德门者几三百年。

国朝龙兴，科名累累，吾族差堪媲美他姓。先大人登顺治丁酉贤书，历任汾州府教授，以兴起斯文为己任，宦迹载通省志。大儒冉永光、窦静庵两先生咸有传。吾氏之门，又以科第显矣。於戏，自余始祖，以及余父，或受显爵，或著德望，或掇科名举，皆以礼义自范，无少恣纵，家门克振，世泽绵长，猗欤盛哉。杰愧与弟谊劣无似，株守一经，既不能继述前人，光大门户，忍听后之子孙荡逾闲检，决裂家声，是益之罪也。今于是门，有取于念修，愿由是门者，目声心警，追忆前烈，重目策励，远绍近述，毋即惰淫。虽驷马之门，非所敢希，而世守清白，是所厚幸。夫从善如登，从恶如崩。吾之后人，安必无愚骜之辈，土苴义礼，弁髦法度，虽祖宗之训诫昭然，而如不见不闻，懵然无以动其心者，余今日之惓惓，毋乃徒劳。虽然，柳公昭世德于无穷，颜氏绵今绪于不坠，古人垂教，夫岂无补哉！后之子孙，尚其有感于斯门。

龙飞雍正甲寅年春正月上旬七十八岁窦世杰识

道光十一年岁次辛卯八月下浣侄曾孙锐敬录

【佛庙大门内木制匾额】

雍正八年十二月吉日，维修东西廊坊十间，重修厨房两间，创修门房三间、仪门一座、东西看墙、大门一座、照壁一座。总理邑人窦世芳、窦斯原、张天贵、窦既均、窦允立、张传娇，督工董正名、窦荣法、张义文、窦秉忠、王□、关必迁……

【宋窦将军墓碑】

镌刻于清康熙四十三年（1704）八月。碑石现存于窦庄村。螭首，龟趺座。碑身高 200 厘米、宽 80 厘米。墓主人窦璘，字廷玉，宋哲宗朝以女肃穆夫人贵，赠左屯卫大将军。碑文楷体竖书。保存完整。碑文如下：

宋窦将军墓

始祖讳璘，字廷玉，宋哲宗朝以女肃穆夫人贵，赠左屯卫大将军。配祖妣罗氏，赠宜春郡太君。初居本县端氏镇，后敕葬于此，子孙依冢而居，遂家焉。考讳勋，右领卫大将军，坟在庄西本茔北。子二：长少亡，祔本茔丙穴；次质，任三班奉职，祔庚穴。孙二：长曰天祜，三班奉职；次曰天佑，右班殿直，俱质出。侄晞古及族子十余人，咸备官于时，其详载冢右碑内。第由宋迄今，历年久远，字渐剥落，不可考，恐后湮没，兹竖石冢前，复撮其大略而志之，欲使后世子孙有所考据云。

裔孙斯在谨识

裔孙窦遵、窦琇、窦应缝、窦凤苞、窦长生、窦应寿、窦潘、窦秀玢等总理立石

大清康熙四十三年八月中浣吉旦

【沁水县窦庄村新修佛堂记】

镌刻于元至元二十五年（1288）四月。碑石现存于窦庄村佛堂。长方形，圆首，身首一体，通高 96 厘米、宽 54 厘米、厚 20 厘米。石灰岩质。碑首篆书"新修佛堂之记"六字，两侧饰双凤呈祥纹。碑文楷体竖书，记述了窦庄村众同心协力鸠材募工，始建佛堂，就修学舍之事。李光祖撰文并书丹。保存完整。碑文如下：

沁水县窦庄村新修佛堂记

平谷野人李光祖撰并书

窃闻周朝方治，瞿昙始现于西方；汉室中兴，象教被流于东土。自兹厥后，莲宫幻出于多方，梵宇滋兴于法界。欲种三生福慧，宜结十方善缘。今则此庄之异，奇胜一方，楹峰北仰而弥高，沁溪东注而益深。渐城南望，凌汉磨空。石柱西凭，卧红堆碧。四围胜概，犹阙福田。因本乡老李公讳英，起祖李庄，至祖父李庆迁居是墅。于己酉岁，公念田园特芜，适宜复业。所恃本村张庆、窦信、窦温等订议金同，恳请于公曰："今汝既归，有汝道右之故基，其地酌中，请鬻为佛堂地，必偿高价于公，允否？"公谓妻刘氏男全秀曰："安以一时之利，没我百世之名乎？鬻则勿言，愿施其地与本社。"于是众谢。其地纵一十六步，广十一步半，东南临道碾，西北至窦英。迨戊午春，众社等同心协力，鸠材募工，始建佛堂，就修学舍，岂不伟欤！乃至莲社居人，朔望祝延圣寿，筠窗弟子，秋冬时习诗书。自公施地社众兴缘之后，子孙众多，货财日聚，为甲弟于沁乡。《易》曰："积善之家，必有余庆。"信不诬矣。自是子荆富有，不妨长者之布金；禹钧义方，更企祖师而传钵。一日告成，嘱予为记，予应之曰："为文，则以俟能者。"辞不获已，姑纪其岁月而已。其铭曰：

浮屠之教，爰自西方。志心皈敬，其福无量。三峰鼎峙，松柏苍苍。二水会同，声势洋洋。胜地宜看，佛堂放光。黉舍居中，师友何常。庶几子孙，日就月将。施

主兴缘，家道克昌。润色未遑，来哲激昂。刻诸翠琰，示将来以无忘。

时至元二十五年戊子岁四月朔日

张庆男　张和　等立

翔山石门马赟　刊

【宋故赠左屯卫大将军窦府君碑铭】

镌刻于宋崇宁四年（1105）十月六日。仅存拓片。宣和殿侍读学士、山西晋城人李伿撰文并书丹。碑文如下：

宋故赠左屯卫大将军窦府君碑铭

晋城李伿撰并书

窦氏著望扶风旧矣，勋德伟烈，世不乏人，或淑范懿行，为椒房之冠，或硕绩巨功，登麟阁之列，载之青史，光耀炳然，固无待于扬榷。则后之传姓而分族者，皆其裔也。

君讳璘，字廷玉，泽之端氏人。实故韩燕国翊德保顺勤惠肃穆夫人之皇考也。自高祖已降，遁迹畎亩，躬有善行。考讳勋，故赠右领军卫大将军，妣吕氏，故赠建安郡太君。君自少年沉静有气节，虽蹑袭高赀，克以勤俭自饬，事父母尽爱，而宗族称其孝，奉长上尽恭，而乡党称其弟，谨厚端慤，温裕如也。故赈孤恤贫，则发财以济其窘，问劳疾苦，则施药以活其死。信义笃行，终身不少懈，尝谓人曰："积善之家，必有余庆，虽身不获报，当覃及后昆。吾平昔以善施于人者多矣，则光耀闾里，高大其门，族者子孙必与有焉。"庆历六年遘疾，终于家，享年三十有二。及肃穆贵，以□郊恩赠右卫将军，又三年，明堂迁左屯大将军。娶豫章罗氏，后君二十九年而卒，赠宜春郡太君。以元祐八年十月二十六日，合葬于泽州端氏县中沁乡窦庄西山之下先茔之侧。有子二人，长早亡，同时附于丙穴。次曰质，故任三班奉职。有女三人，长适乐素；次适马衡；季即肃穆也。孙二人，长曰天祐，三班奉职；次曰天祐，右班殿直。堂侄一人，曰晞古，左藏库副使，泾原路弟四副将，皆以肃穆荫仕。晞古又以随龙恩例进，故品秩高于诸子。

呜呼！肃穆被选禁掖，保辅哲宗皇帝，逮事今圣，前后几三十余年，勤劳恭顺，凤夜匪懈，宫闱之间，上下辑睦，是以每承睿旨，恩渥优异。爵命之荣，上及祖考，旁禄其族子，官者凡十余人，窦氏遂为显族，而簪绅辉煌闾里之间，一时为盛，岂非君之积善而余庆所臻欤？既葬十三年，天祐等与其母长乐县君高氏举质之枢，卜以崇宁四年十月六日附于坟之庚穴，于是请予为铭，以镌诸墓。且曰：肃穆躬事两朝，备有勋劳，而又崇宠二国，则铭其祖考之休，以诏示后人，乃其宜也夫，曷为之辞。

铭曰：

猗欤窦氏，源深流长。维君积德，允恭温良。

诞生肃穆，休有烈光。爵命即显，福禄是将。

荣被孙子，厥后克昌。光耀闾里，令名益彰。

沁湍之上，檡嵢之傍。卜兆斯吉，万世安藏。

有拱其木，有盘其冈。铭诗断石，以示不亡。

陇西李之翰

高平阁文宰　弟阁守兴同刻

【建三圣阁记】

镌刻于明崇祯九年（1636）冬十二月。碑石现嵌于窦庄村三圣阁墙上。长方形，宽78厘米、高38厘米。石灰岩质。碑文楷体竖书，记述了三圣阁修建经过。张正中撰文，张祥书丹。保存完好。碑文如下：

建三圣阁记

邑庠增生张正中撰

村之西北隅，初为隙地，距民居东南各二百武许。迨后营建竟拓，人烟辏集，遂成衢市。始商祈为重门御暴，计设栅栏一焉。第草创伊始，修缮未同，果不足恃。且堪舆家每以乾方缺为言，心窃疑之。

令命辛未春正月，族兄太学生镒偕不肖中及侄诸生玥与族友廪生善金谋，有以□之，开基筑址，后枕沁流，西把檡峰牛岭之秀，涓吉选□，飞阁凌空，下通孔道，上栖白衣大士像，左文昌，右张仙，事神设险佐地灵，一翠而三事备，为无何地也。□□未及什之二，而烽火夜呼，城门昼局，工役方流离鼠伏，寄命于山崖幽涧中者，日无宁晷。木料□石半毁为薪，半□散于风雨道路之间，弃置弗暇问也。戎马甫息，饥馑频仍，六易年华，渐就颓废。于是年夏四月，复鸠集旧时工役，存□不一，至族友善殚竭心力，共首厥事，已四载，盖棺墓木拱矣。余三人募赀庀材，经营较昔倍艰矣。旧之钱物□□□款粟腾贵，有时异而事不同者，不惮拮据，□□日而告成。数载苦心，今始竣事，故纪其年月，以识不忘，非敢翊功也。捐缗乡绅士庶另勒诸石。

崇祯九年冬十二月朔日记邑庠廪生张祥书

首事：太学生张剑　邑庠增生张正中　庠生张国佩

塑工：卫登旺王科山

玉工：窦贞修

木工：张瑞

（四）科举名人

据清光绪《沁水县志》，宋代以来，窦氏共有窦心传、窦奉家父子二人中进士，又有窦杰、窦如璧等12人中举人，另有窦荣仁中武举；因恩荫入仕者，宋代有窦师古、窦璘等 7 人，明代有窦达、窦用昌等 6 人，清代有窦明运、窦应寿等 12 人。

张氏自元末迁居沁水以来，至清代光绪年间，五百年中计有 22 人科举而仕，包括张五典、张铨、张道濬、张道浞、张心至等 6 人中进士，张铃、张道濂等 16 人中举人。

张五典（1555—1626），字和衷，号海虹，窦庄村人，明万历二十年（1592）进士。初授行人司行人，继选升户部江西司主事。万历二十九年（1601），差管天津粮仓，不久继任员外郎。万历三十三年（1605），任山东布政司右参议分巡济南道。万历四十年（1612），迁河南按察司副使兼参议分守汝南道。当时，河南张西岗聚众数百人据南阳裕州界，张五典移檄州县，平灭之。万历四十二年（1614），桐柏县的矿产被嵩县矿徒所据，守令莫能制，五典出三牌告示乃禁。万历四十三年（1615），任山东布政司右参政，守海右道，山东大荒，而辽东米贱，遂开海禁运来辽东米赈济饥民。万历四十六年（1618），张五典迁河南按察使司兼参议，分守河北道。泰昌元年（1620），迁山东右布政使。天启元年（1621），任太仆寺少卿，第二年随任南京大理寺正卿。天启三年（1623），乞终养，加升兵部尚书。天启六年（1626）去世，终年 72 岁。讣闻，朝廷赠太子太保。张五典任职期间，各地不断发生民变，遂在家乡修建城堡以防。著有《张司马文集》。

张铨（1577—1621），字宇衡，号见平，窦庄人，张五典之子，明万历三十二年（1604）进士。初任保定推官，后升任浙江道御史，出巡陕西茶马，又巡按江西，任御史十余年。万历四十六年（1618），清兵入侵，出任辽东巡按都御史。天启元年（1621）殉国，赠官兵部尚书。张铨著有《皇明国史纪闻》十二卷，共四十余万字，记载了明洪武至正德一百五十余年的历史，以大事记形式编写，言简意赅，内容丰富，是研究明史的重要资料，入《四库全书》。另外还著有《春秋集》。

张道濬，字深之，张铨之子。诏赠锦衣卫指挥佥事，后升都督同知。明崇祯五年（1632），民变队伍攻打窦庄，张道濬率兵由雁门关返里镇压。嗣后，按台指责他擅离职守，私自回乡，争名冒功，复调戍海宁。崇祯十五年（1642）放归田里。张道濬著有《丹坪内外集》《奏草焚馀》《兵燹琐记》《从戎始末》。

张心至，清乾隆三十四年（1769）进士。四川庆符知县，卓异，升刑部四川司主事。

窦心传，窦铭之子，清嘉庆六年（1801）进士。初授翰林院庶吉士，改知县，历任江西新淦、丰城。服阕，补盛京、宁海，调升承德，署治中，委办吉林屯田，代理府尹印务。

窦奉家，窦心传之子，清道光二十四年（1844）进士。初授翰林院编修。贵州遵义府知府，署贵西兵备道。赏戴花翎。

窦明运，据清光绪《沁水县志》载窦克勤《英烈窦将军》：

字更生，窦庄人。宋右领卫大将军始祖勋之裔孙也。少有大志，凤娴韬略。

我朝定鼎之初，慨然有意荡平。拜别慈闱，谓："承欢膝下，兄若弟责也；儿志在四方，愿立尺寸功，为显扬计。"母壮其志，励之忠，以成孝。遂扶策南下，谒辅政淑德豫亲王，拨随安徽刘中丞，中丞一见奇之。

顺治四年，中丞李悉其能，置之左右，随剿抚所至，有奇勋，旋以上闻。适李中丞调补粤抚，即题授广东抚标中军游击兼管左营事。治军严而有法，优恤士卒，则疾痛疴痒，亲身抚循之。逾岁，人戴其德，争先效死。粤海岩疆，接踵纳款矣。越明年，恢克连阳数州县。歼厥渠魁，招集胁从。又协守肇庆，设奇制胜。方之古名将，不是过也。会罗定梗化，承王命进剿，驱卒五百，当万余强敌，屡战屡捷，功成指日矣。适贼众数万，云合夜迫城下。将军自度寡不敌众，思尽忠致死，以酬素志。遂夜驰血战，师溃，北向再拜曰："臣力竭矣。"回顾家童吴张曰："吾以忠成孝，在此一举。但母老子幼，归语尔五主，勿图功名。速携眷归故里，奉养老母，吾死无憾。"遂仰天自刎。

时顺治十六年六月初二日也，卒年四十五岁。赠副总兵，谥英烈，给祭葬。荫其子应寿，初授直隶杜胜营守备。恭遇覃恩以子贵，又蒙诰赠怀远将军。应寿后升龙门都阃，持己清慎，训士严明，犹有将军遗风。

窦瑀，清顺治十四年（1657）举人。汾州教授。

五、价值特色

窦庄古建筑群选址科学，村落街巷形态多样，建筑类型丰富，建筑特色鲜明，是明清时期沁河流域古堡式古村落建筑的代表，也是研究北方村落历史演进和社会发展的重要实物资料，具有较高的历史价值、艺术价值、科学价值和社会文化价值。

一是选址科学。窦庄选址在沁河边一片广阔的河谷平地上，三面环水，一面靠山。在风水学中，这种背山面水的河谷平地是谓吉地。从现代科学角度来看，靠近水源意味着生产生活便利，河谷平地土壤肥沃，适合耕种，且能兼顾防御。

二是布局合理。窦庄建筑群通过"三纵一横"的主街道和小巷将建筑有机串联，秩序井然。

三是类型丰富。兼有庙宇、宗祠、戏台、楼阁、书房、校场、公堂、地牢、牌坊、商铺、城墙等建筑类型。

四是格局适宜。院落以四合院、三合院格局最为多见，平面多呈方形，空间大，日照充足。房屋尺度适宜，建于高出院地面的台基上，院地面又高于街巷地面2—3级台阶，排水通畅。

五是结构统一。房屋面阔一般为三开间，高度为两层，屋顶为硬山或悬山。

二层多挑廊，开间设挑廊或通廊，挑廊通过木或砖石质楼梯与地面相连，有现代建筑中阳台的功能。

六是因材使用。多采用条石基础，砖砌墙体，木制板门、方格窗，木制梁架及木基层，灰素板瓦顶，所有材料都取自当地。

七是防御坚固。防御理念贯穿聚落营建始末，构思巧妙，因形就势，可居可防。首先是聚落选址，沁河与檀山是窦庄的第一道防线，入侵者要到达窦庄须翻山涉水，十分艰难。其次，张氏严密策划与督建的窦庄堡防御系统是第二道防线，这道防线可谓做到了滴水不漏，所以在只有家丁、妇孺保卫的情况下亦能不被攻克。

柳氏民居

柳氏民居 / LIUSHI MINJU

一、遗产概况

柳氏民居位于山西省晋城市沁水县土沃乡西文兴村，是典型的"环山居"建筑群，被太行、王屋、中条三山环抱，依山势高低而建，分外府和内府两个区域，为典型的明清城堡式庄园建筑。柳氏民居是"河东柳氏"后裔族人历经明清两代修建而成，建筑形式古朴，文化底蕴深厚，艺术价值浓郁，为中华古民居建筑艺术瑰宝。柳氏民居为全国重点文物保护单位、国家 4A 级旅游景区、中国历史文化名村。

二、历史沿革

"河东柳氏"第三十世传人柳宗元因政治革新失败而被贬永州司马，其担心祸及族人，便令河东柳氏族人分散外迁，并传训家人"成名勿宣门庭，得志勿忘饥民"。其中迁居太行、王屋山一带居住的柳氏族人于明永乐年间定居沁水西文兴村，寓意为"柳氏从西而来，子孙以文兴为业"。

（一）迁徙与定居

现存碑刻、文献中明确记载了"河东柳氏"族人是何时何地因何原因迁徙至沁水西文兴村定居的。

西文兴村关帝庙明嘉靖二十九年（1550）的《柳氏宗支图记》碑文记载："柳氏系出鲁大夫展或公，食邑柳下，因姓焉。厥后谱，代有闻人，而惟唐尤盛，名贤继出，卒流于史，炳如也。唐末，始祖自河东徙沁历。"

翼城县文物局存《柳家园墓碑记》记载："河东柳氏唐末迁沁历，隐居于此，国初柳氏子孙来耕发迹，贤孙柳琛携妻杨氏居文兴。"

西文兴村存《柳氏族谱》记载："唐末始祖遵训自河东迁沁历，旧家翼关，永乐居沁文兴。妻河东蒲州杨氏，森、松、梅、桧为甲，报本河东先世高祖，立祠文兴祭祀予族。……子孙来耕发迹，勿忘河东……"

西文兴老坟沟柳氏祖茔《柳遇春墓志铭》记载："始祖琛由翼城县迁邑之文兴村，以耕读为业，世世守之……"

根据上述记载，"河东柳氏"族人在唐末遵祖训自河东迁至翼城。明永乐初年（15世纪初），西文兴柳氏先祖柳琛获殿试三甲，赐同进士出身，携家眷从今临汾翼城县搬迁至沁水县西文兴村定居。

（二）兴盛与衰落

据明《柳氏宗支图记》碑文记载："历国初迄今，以甲分者四，以户分者十，而其初则一人也。以一人之身，而甲者四，户则十，奚翅服尽。"明永乐至嘉靖年间，柳氏历六世，族人以耕读为业，励精图治。至第六世柳遇春、柳逢春，族人已繁衍四十余户，家族实力雄厚，购置农田、发展商业、大兴土木，修建关帝庙、柳氏宗祠、牌坊街、一进十三院府邸等建筑，西文兴柳氏家族进入第一次兴盛时期。

明末战乱纷争，又逢天灾人祸，西文兴村大部分建筑被毁，族人四散奔逃。清《重修祠堂碑记》记载："自闯寇作乱，房屋乱坏，老幼皆逃，敬先祖先之堂，遂成狼狙矣。"

至清乾隆年间，西文兴柳氏第十二代族人柳春芳在山东、河南一带经商致富，遂向朝廷捐输军饷，赈济受难灾民，因此得到朝廷嘉奖，先后授赠为都司和昭武都尉。其子柳茂中经营才干卓越，柳氏成为一方富商巨贾。柳茂中之子柳琳官拜郡司马后，柳春芳和柳茂中被朝廷赠封为中宪大夫。乾隆至嘉庆年间，柳氏族人因商而富，因富而官，西文兴柳氏家族迎来了第二个兴盛时期。这一时期，柳氏族人新建魁星阁与真武阁，重修柳氏祠堂、文昌阁和文庙，修缮关帝庙、"司马第"院，建造"中宪第""河东世泽""堂构攸昭"等院落，形成了柳氏民居内府、外府总格局。

清道光四年（1824）的《柳氏家训》碑载："……吾家数年以来，疏于料理，日费益繁；又兼生意赔累，银票赔数……言念及此，甚为心寒……"民国二十年（1931）年的《庄田山场补修记》载："及至皇清光绪年间，大遭饥馑，子孙皆不能谋其生、保其身，况□□□，焉能建立？斯年腐烂不堪。东川田地大半典揭，当时如蜩螗沸羹，千钧一发。虽然，祭祀尚未停止，较前甚差矣。斯种状态大约二十余年矣。"清道光至民国时期，柳氏家族的产业逐渐衰败，加之战争不断、灾荒连年，族人遂外迁谋生，柳氏家族就此衰落。

（三）新生与发展

新中国成立后，社会稳定，柳氏族人也开始了新的生活。1981 年，柳氏民居被公布为县级文物保护单位，世人渐渐认识到柳氏民居的历史、文化、艺术价值。1986 年，柳氏民居被列为山西省文物保护单位，保护、研究、开发等一系列相关工作步入正轨。1999 年，清华大学负责编制了西文兴村保护规划。2000年，国家文物局组织专家、学者对该保护规划进行了评审、论证，于 2002 年获晋城市计委立项批复，西文兴村得到了妥善保护和修缮。2005 年，西文兴村入选第二批中国历史文化名村。2006 年 5 月 25 日，柳氏民居被国务院公布为第六批全国重点文物保护单位。2012 年，西文兴村入选为第一批中国传统村落。如今的柳氏民居已经成为沁水县乃至晋城市独具特色的旅游度假胜地，为世人讲述着西文兴柳氏家族的传奇。

01 柳氏民居文物建筑分布图资料

① 柳氏民居大门
② 魁星楼
③ 关帝庙
④ 柳氏宗祠
⑤ 文昌阁
⑥ 丹桂传芳坊、青云接武坊
⑦ 司马第
⑧ 河东世泽
⑨ 磐石常安
⑩ 行素天宠
⑪ 堂构攸昭
⑫ 中宪第
⑬ 恭处居
⑭ 香泛柳下
⑮ 文庙遗址

三、建筑特点

柳氏民居所在的西文兴村位于沁水县西南鹿台山南麓，村前视野平缓开阔，一条小溪自北向南缓缓从村前流过，增添了西文兴村的灵秀之气。柳氏民居的建筑大致可以分为外府区和内府区两部分。从村口到村中东西走向的成贤牌坊街往南为外府区，主要建筑有关帝庙、文昌阁、魁星阁、柳氏祠堂、石牌坊等。牌坊街往北为内府区，主要建筑有"司马第""河东世泽""磐石常安""行邀天宠""中宪第""堂构攸昭"等保存比较完整的府宅院落。

（一）外府区建筑

柳氏民居外府区现存神庙社坛、宗祠牌坊等传统建筑。关帝庙建于村口，东侧紧邻魁星阁，从魁星阁石券门穿过是一小片空地，再往东是文庙遗址；西侧是柳氏祠堂；北侧为文昌阁，文昌阁下券洞向西的街道两头耸立着"丹桂传芳""青云接武"两座石牌坊。

从现存明万历十一年（1583）的《重修关王庙记》《新建关王庙木枋记》，清乾隆七年（1742）的《重修祠堂碑记》、乾隆三十二年（1767）的《关王庙重修碑记》、嘉庆十七年（1812）的《重修文昌阁真武阁魁星阁碑记》、道光三十年（1850）的《重修庙宇募缘碑叙》，民国十年（1921）的《重修文昌阁文庙碑记》等，可以看出西文兴柳氏族人对儒家文化非常重视，相关建筑历代都有修缮。

02 大门正立面

1. 魁星阁

魁星阁坐北朝南，占地面积 33 平方米。现存建筑为清代风格。清嘉庆十七年（1812）的《重修文昌阁真武阁魁星阁碑记》记载："辛未岁，建真武阁、魁星阁。""辛未岁"即清嘉庆十六年（1811）。嘉庆年间的《魁星阁新建记》记载："村之东南，地势渐下，将欲修一阁以补之，祀魁星神……""文庙之外，必有魁阁，公所计诚善。"即新建魁星阁的原因有二：一是出于风水上的考虑，二是文庙之外必须要有魁星阁。两通碑刻亦印证了魁星阁创建于嘉庆十六年。魁星阁为三层，底层为石砌券洞式台基，券洞南北向，门券顶嵌匾两块，南面为"光照艺林"，北面为"三台左抱"。台基之上的二层重檐歇山顶建筑为今人所修。

03　魁星楼匾额

04　魁星楼斗栱

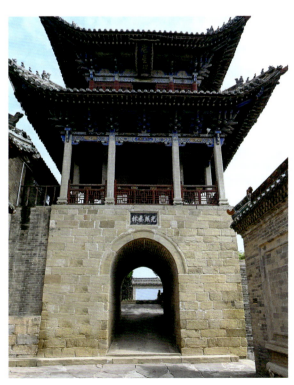

05　魁星楼正立面

06　魁星楼背立面

2.关帝庙

关帝庙坐北朝南,一进院落布局,南北长25.5米、东西宽19.8米,占地面积约500平方米。关帝庙始建年代无从考证,据《重修关王庙碑记》为明万历十一年(1583)重修,清乾隆、道光年间均有重修,现存建筑为清代风格。中轴线上建有戏台和正殿,两侧建有东门楼、西妆楼、东西看楼、东西耳殿。关帝庙大门采用凹廊建筑形制,位于院落的东南角,面向东开,面阔三间。明间用两根石质檐柱,施斗栱三攒,屋顶为歇山顶。两次间屋顶低于明间,为半坡顶。戏台为悬山顶建筑,坐南朝北,面阔三间,进深四椽,台基高约1.5米,通檐用四柱,上承平板枋,施斗栱八攒,筒瓦屋面,琉璃瓦剪边。台口正对正殿。正殿建于高台阶之上,面阔三间,通檐四柱,平板枋上施斗栱七攒,悬山顶。东西两侧为配殿,面阔五间,上下两层。一层现存放柳氏民居相关的碑刻。二层是看台,无门窗,檐柱之间装有栏杆。

07　关帝庙大门

08 关帝庙正殿、东西耳殿

09 关帝庙戏台

10　关帝庙西厢房

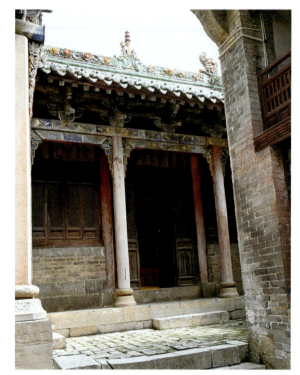

11　关帝庙东耳殿

12　关帝庙正殿斗栱后尾

13　关帝庙大门斗栱

14　关帝庙影壁须弥座

15 关帝庙影壁斗栱

16 关帝庙戏台斗栱

3. 文昌阁

文昌阁坐北朝南，占地面积 9 平方米。创建年代不详，据《重修文昌阁真武阁魁星阁碑记》为清嘉庆十七年（1812）重修。现存建筑为清代风格。二层悬山式建筑。底层是黄砂岩石砌的券洞台基，券洞平面呈"丁"字形，北、南、西三面门的券顶上嵌有匾额，分别为"鹿台挺秀""行屋栱翠"和"凝瑞"。券洞向西通往牌坊街，向北连接村内道路，向南通往村外。二层是一座面阔三间、进深六椽且前后檐出廊的厅堂式建筑，檐柱之间砌有高 1.2 米的十字镂空砖围栏。台基东侧修有台阶可达二层。二层西侧是一座半坡顶建筑，面阔三间，背靠文昌阁的西山墙，屋顶低于文昌阁。

17 文昌阁屋顶

18 文昌阁正立面

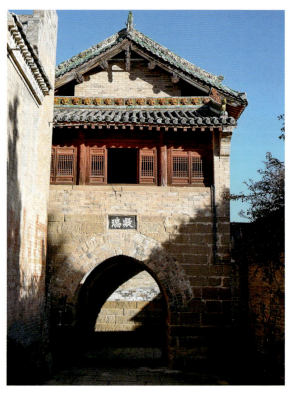

19 文昌阁西立面

4. 石牌坊

　　柳氏民居现存两座石牌坊，位于牌坊街的东西两端。两座牌坊形制相同，均为砂石仿木两柱一门一楼式结构，左右两柱侧面施两块夹杆石，夹杆石上前后各有一只蹲坐的狮子，柱间额枋雕作月梁形，额枋上设双层横披（东牌坊上书"丹桂传芳"、下书"庚子科柳騄"，西牌坊上书"青云接武"、下书"丙午科柳遇春"），横披上枋施五踩斗栱承托歇山式屋顶。据清光绪《沁水县志·选举》记载，明清两代沁水共有举人138人，其中柳氏有两人，即明成化庚子（十六年，1480）科柳騄和嘉靖丙午（二十五年，1546）科柳遇春。为旌表柳騄和柳遇春的功绩，朝廷在嘉靖二十三年（1544）和二十九年（1550）分别赐建"丹桂传芳"和"青云接武"两座石牌坊。

（二）内府区建筑

柳氏民居内府区主要为柳氏族人居住的宅院。从永庆门进入后是一"丁"字路，南北路短，东西街长。东西向主街的南北两侧分布着6处院落，根据院落大门匾额书写内容，北侧是"磐石常安"院、"司马第"院、"河东世泽"院、"行邀天宠"院，南侧是"堂构攸昭"院、"中宪第"院。各处宅第院落皆为四合院式，院内建筑多为二层楼阁。主体建筑有正房、厢房和倒座房，建筑体量较大；主体建筑两侧修建有耳房，建筑体量较小。这种建筑形制俗称"四大八小"式，是柳氏民居常见的院落组合形式。

院门偏于一角，占用倒座房或厢房的耳房位置，牌楼式门楼雕刻装饰精美，拱券式大门简洁大方。院内影壁多为座山影壁，即在大门对面建筑的山墙上直接修砌，刻有寓意吉祥的传统图案。院内正房等级最高，台阶高、檐廊宽，装饰也最为精美，其次是倒座房和厢房。通往二层的楼梯有的设在厢房山墙旁，为露天砖石楼梯；有的在檐廊下次间的窗外，为木质楼梯。房屋依地形高低而建，遵循封建等级制度，建筑形制、体量、位置也尊卑有别。

柳氏民居除了一进院落布局，还有两进院落。两个院落串联起来，形成正房、过厅、倒座房布局。其中二进院设有独立入口，可以作为单独的院落存在，是柳氏民居建筑的一个鲜明特点。

21　柳氏民居全景

1."司马第"与"河东世泽"

"司马第"院是柳茂中及其长子柳琳的府邸,为现存柳氏民居院落中建筑规模最大、等级最高的一处。其位于内府区"丁"字路的东北角,坐北朝南,两进院落,南北长约 51 米、东西宽约 23 米,占地面积 1000 余平方米。现存建筑为清代风格。院内建筑布局从南至北,中轴线上分布有倒座房、厅房、正房,东侧为倒座耳房、一进东厢房和耳房、厅堂东耳房、二进东厢房和耳房、正房东耳房,西侧为门楼、月亮门、一进西厢房和耳房、厅堂西耳房、门楼、二进西厢房和耳房、正房西耳房。

"司马第"院各建筑为抬梁式结构。正房、厅堂、倒座房、厢房为单檐悬山式建筑,门窗、柱础、额枋、雀替、栏杆等构件雕刻装饰精美。二层出檐廊,正房、厅堂、倒座房檐廊下设有四根立柱支撑,东西厢房檐廊下则不设立柱,显示了等级差别。"司马第"院落建筑的二层空间为互通串联的,除了一进院厢房和厅堂的檐廊之间用连廊连通,前后院落的二层建筑之间也是连通的,可以来往通行,形成独特的建筑格局。

"司马第"院落共有两个门楼。正门门楼设置在一进院的西南角,面朝南开,门洞凹进房墙一椽左右,面阔一间,高度与二楼相同。门洞两侧立柱内安装门框,有门簪四枚,上槛之上是四道横披(从下往上依次为"司马第""册授郡司马加二级柳琳""诰封中宪大夫柳茂中""貤赠中宪大夫柳春芳"),横披上施平板枋,上承两攒五踩斗栱。立柱外侧上端施丁头栱承托短柱,短柱上承平板枋承托四攒十一踩斗栱。立柱下端安装有石鼓样式的夹杆石,其上雕刻双狮戏绳,寓意"神狮镇宅"。

23 "司马第"东厢房

24 "司马第"倒座房

25 "司马第"西厢房

26 "司马第"正房

27 "司马第"大门斗栱

28 "司马第"倒座房雕刻

29 "司马第"倒座房雕刻

30　"司马第"倒座房雕刻

31　"司马第"正房雕刻

32　"司马第"东厢房栏杆

33　"司马第"大门西侧抱鼓石、门枕石

34　"司马第"影壁

　　另外一个门楼设在二进院的西南角，面朝西开，占据了厢房的南耳房位置，建筑等级低于一进院门楼。门洞同样凹进房墙，门板边缘用铁皮包边，正面钉有五排门钉，门板后面有暗锁十二道，是柳氏民居防范最严密的大门。门框下槛两侧各有一组石狮子和夹杆石，上槛有四枚门簪，其上的横披书"河东世泽"四字，因此二进院落又被称为"河东世泽"院。

　　两进院落设计两个门楼，一是可以方便出入，二是可以作为两个单独的院落使用。

36　"河东世泽"大门匾额

35　"河东世泽"大门

37　"河东世泽"正房

38　"河东世泽"东厢房

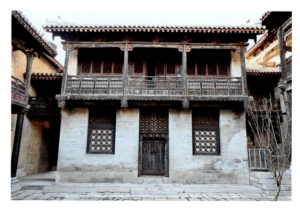

39　"河东世泽"西厢房

40 "河东世泽"东厢房栏杆

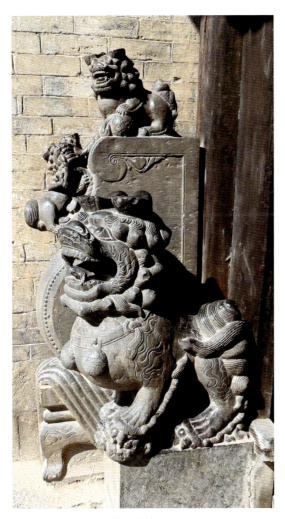

42 "河东世泽"正房装修雕刻

43 "河东世泽"正房装修雕刻

41 "河东世泽"大门抱鼓石、门枕

44 "河东世泽"正房装修雕刻

2. "磐石常安"

"磐石常安"院坐北朝南，为一进院落，略显狭长，是一个标准的"四大八小"式四合院。其位于内府区"丁"字路的最北端，与"河东世泽"院隔街相望，拱券式门洞上部石刻匾额书"磐石常安"四字。

院内房屋均为抬梁式结构的硬山式建筑。门楼位于院落的东南角，面朝东开，占据了东厢房南耳房的位置。拱券式门洞石材朴实厚重，不施任何装饰。匾额边框有砖雕装饰，内框为万字纹样，外框为莲瓣纹样。门楼二层不设门窗，只安装木质栏杆，其连接东厢房和倒座东耳房，使得院内建筑二层内部互相连通。

正房的形制、装饰高于厢房和倒座房。二层檐廊用立柱承托，为石鼓与覆盆组合式柱础，柱间额枋雕作月梁形，上承平板枋，中间垫板雕刻五只蝙蝠和寿字图案，寓意"五福捧寿"。二层檐柱之间施花式栏杆，雕刻简单素雅，柱头承托平板枋，用七攒一斗二升交麻叶头的斗栱。厢房与倒座房不设檐廊。

45　"磐石常安"大门

46　"磐石常安"正房

47　"磐石常安"东厢房

48　"磐石常安"倒座房

3."行邀天宠"

"行邀天宠"院位于"司马第"院东侧，两个院子中间隔着一条小巷，巷口修一扇砖砌拱券门，门上匾额书"清洁传芳"四字。进入拱券门，东侧是"行邀天宠"院的门楼。门楼位于院落的西南角，面朝西开，占据了西厢房的南耳房位置，门洞凹进房墙一椽左右，有门簪四枚，其上横披书"恪守先业"四字。门楼檐柱在房墙之外，贴墙而立。檐柱之间的额枋和雀替雕刻精美，采用浮雕、镂雕、圆雕等雕刻手法，具有很高的艺术价值。额枋之上是两道装饰回纹的平板枋，平板枋之间是"行邀天宠"匾额。

"行邀天宠"院为标准的"四大八小"式一进院落，中正大方，对称布局。正房设有檐廊，装饰朴素。厢房不设檐廊，立面简洁。

50 "清洁传芳"拱券门正面匾额

49 "行邀天宠"大门

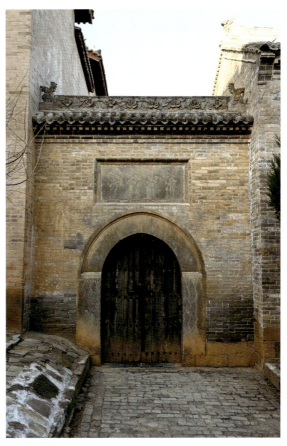

51 "清洁传芳"拱券门正面

52　"行邀天宠"大门斗栱

53　"行邀天宠"正房

54　"行邀天宠"南房

55　"行邀天宠"东厢房

56　"行邀天宠"西厢房

4."中宪第"与"堂构攸昭"

　　"中宪第"院在"司马第"院南侧，坐西朝东，两进院落，东西长约46米、南北宽约23米，占地面积1000余平方米，略小于"司马第"院。据正房脊檩题记，该院建于清道光十二年(1832)。现存建筑为清代风格。院内建筑布局从东至西，中轴线上为倒座、厅堂、正房，南侧为倒座南耳房、一进院、南厢房和其东西耳房、厅堂南耳房、二进南厢房和其东西耳房、正房南耳房，北侧为倒座北耳房、大门门楼、一进院北厢房和西耳房、厅堂北耳房、二进院门楼、二进院北厢房和西耳房、正房北耳房。

57 "中宪第"大门

　　"中宪第"院的门楼位于一进院落的东北角，面朝北开，占据北厢房的东耳房位置，面阔三间。因地势西高东低，门楼的石砌台基比街道高出 1 米左右，修建六层台阶。门洞凹进房墙一椽，槛框镶嵌其中，上槛装四枚门簪，上槛之上的横披书写"中宪第"三个金色大字。下槛两侧门枕石上各雕刻一只高约 1 米的石狮子，两根木质檐柱由石柱础承托，柱头施平板枋支撑二层楼板的承重梁，额枋和雀替雕刻精美。承重梁承之上是门楼的二层檐廊，安装花式栏杆，二层檐柱上端施通檐枋木。明间枋木上横披书"耕读书香"四字，横披上施三攒五踩斗栱支撑明间悬山式屋顶。次间枋木上架平板枋，上承窄条状横披支撑次间檐檩及屋顶。明间屋顶高于次间屋顶，错落有致，观赏性强。

　　门楼背面的形制、构件与正面一样，不同的只是明间横披书"锦玉满堂"四字。门洞次间的墙壁上是明代书法家方元焕的书法碑刻，内容是《四伦箴语》。院内建筑为抬梁式结构，石柱础、雀替、额枋、栏杆、门窗等都有精细的装饰。倒座房、厅堂为单檐悬山顶建筑，厢房、耳房为硬山顶建筑。穿过厅堂即可进入二进院。

58　"中宪第"倒座房

59　"中宪第"厅堂

60　"中宪第"北厢房

61　"中宪第"南厢房

62 "中宪第"厅堂廊柱雕刻

63 "中宪第"倒座房廊柱雕刻

二进院门洞横披上书写"堂构攸昭"四字，因此也被称为"堂构攸昭"院。"堂"，房子；"构"，构陷、陷阱；"攸昭"则是一把宝剑的名称。"堂构攸昭"意为这是一座有陷阱、用于存放宝剑的院子。院子二楼四周房檐处布置了铁丝网，延伸至天井1米有余，上面系有铃铛作为报警之用。在大门入口处还设置了大陷阱，里面撒满石灰和竹子，白天铺设木板正常行走，晚上撤去木板用于防盗。现在的地面已经用砖进行了铺墁。

"堂构攸昭"院大门造型简单古朴，位于二进院的东北角，面朝北开，占据的是二进院北厢房东耳房的位置，面阔一间。大门过木梁下的额枋和雀替采用深浮雕手法，雕刻成两条完整的草龙纹样，曲转回还。门洞凹进房墙，外部没有门楼，门前也没有石雕狮子等装饰，极为低调。院内建筑有正房和厢房，三面檐廊，装饰风格较一进院朴素简洁。

64　"堂构攸昭"院大门

65　"堂构攸昭"院北厢房

66　"堂构攸昭"院南厢房

67　"堂构攸昭"院正房

68　"堂构攸昭"院东房

69　"堂构攸昭"院正房雕刻

70　"堂构攸昭"院南厢房雕刻

71　"堂构攸昭"院北厢房雕刻

四、价值特色

柳氏民居的堪舆选址、营造技艺彰显了地域特征，建筑装饰、书画碑刻则独具人文韵味，实为中华古民居建筑艺术之精品，具有较高的科学、艺术、文化、历史价值。

（一）装饰艺术价值

柳氏民居的建筑艺术集南北风韵于一身，既有北方的庄重质朴，也有南方的雅致秀丽。砖雕以华美大气为上，木雕以玲珑精巧为优，石雕以古朴典雅为佳，美轮美奂，繁盛至极，可谓是"虽由人作，宛若天开"，展现出文人世家外朴内华的个性色彩。

1. 木雕

柳氏民居的木雕构件涵盖了斗栱、额枋、雀替、窗棂、栏杆等，雕刻之精美，内容之丰富，造型之灵动，寓意之深刻，技法之精湛，反映了柳氏族人独特的审美和对美好生活的向往。

（1）斗栱装饰

斗栱位于柱与梁之间，结构精巧，造型美观，起着传递荷载重力的作用。明清时期斗栱雕刻精美，成为极具装饰性的构件。柳氏民居斗栱最具特色的是门楼上使用斗栱组合结构，上下两层，中间用雕花精美的平板枋相隔，气势磅礴，高耸华丽。其中又以"司马第"院大门门楼上的斗栱最为华丽。下层斗栱位于走马板上方的枋木之上，为两攒平升科，双翘五踩，其上承平板枋。平板枋之上是上层斗栱，为两攒柱头科和两攒平升科，五翘十一踩。所有斗栱均出45度斜栱，层层相递，如同一朵朵盛开的花朵，呈现强烈的节奏感与韵律美。

（2）额枋与雀替组合装饰

额枋是平板枋之下两柱之间的横向连接构件，有支撑连接的作用。雀替位于额枋与立柱相交的位置，可以缩短梁枋跨距，提高柱头抗剪能力。两个构件呈"丁"字形相连。在柳氏民居建筑中，常见将二者组合为一个整体进行雕刻，形成类似"挂落"的装饰构件，镂雕出的人物故事、花鸟走兽、文房四宝等层次分明、栩栩如生、精美雅致。"行邀天宠"院门楼中的额枋与雀替组合最为精美，分为上、下两组。上面一组位于两层斗栱之间，平板枋立面用浅雕技法雕刻出连绵不断的回纹，额枋与雀替组合雕刻象征吉祥如意的卷草纹。下面一组位于匾额之下，整体镂雕拐子龙纹为底，寓意平安长寿；额枋上雕刻琴棋书画，彰显书香门第；雀替上雕刻世俗题材的莲花童子，寓意连生贵子。

（3）门窗格心装饰

隔心是古建筑门窗的主要构件，也是门窗最具艺术特色的部分。柳氏民居门窗的格心纹样图案十分丰富，有三交六椀菱花纹、一码三箭直棂纹，也有步步锦、灯笼锦，还有钱币纹、花瓣纹等，共计20多种。在柳氏民居众多建筑中以"司马第"院门窗的格心纹样最为丰富，即使同一类纹样也不尽相同。一进院厅堂楼下隔扇格心为三交六椀菱花纹，横披窗格心为花瓣纹，楼上隔扇格心为斜方格纹；厅堂两侧耳房楼下槛窗格心为万字方格纹，楼上槛窗为一码三箭直棂纹；倒座楼下隔扇格心为竖棂条纹，楼上隔扇格心为斜方格纹；厢房槛窗格心为柳条纹，横披窗格心为龟背纹。二进院厅堂后门横披窗格心为钱币纹，厢房槛窗格心为方格梅花纹。

（4）花式栏杆装饰

花式栏杆简称花栏杆，以大面积雕花棂格著称，是古建筑栏杆的一种，起防护和装饰的作用。花式栏杆的构造相对简单，主要由望柱、花格、棂条、横枋等构件组成。柳氏民居的建筑多为阁楼形式，二层的檐廊处都加装了木质的花式栏杆，做法大致相同，从上往下依次是横枋、垫板、横枋、棂条、花格，其装饰具有很高的艺术价值。"司马第"院的花式栏杆装饰题材内容丰富且雕工精美，栏杆上层双层横枋之间的垫板采用深浮雕手法，雕刻龙、凤凰、骏马、鹿、蝙蝠、祥云、牡丹等寓意吉祥富贵的纹样；中层的棂条采用组合手法组成不同的样式，有的是横波浪中间镶嵌花朵纹样，有的是竖直棂中间镶嵌梅花纹样；下层的实心花格用浅浮雕手法，雕刻棋盘、花篮、花瓶、牡丹、寿字、凤尾龙等中国传统纹样。

2. 石雕

柳氏民居的石雕艺术主要体现在石柱础、门枕石、夹杆石的装饰上，雕刻细腻，古朴典雅，建筑等级越高则装饰越精美。

（1）石柱础装饰

柱础是古建筑承托柱子的石质构件，其作用包括抬高柱身、扩大柱脚受力面、防止木柱腐蚀、承载建筑重量等。柳氏民居柱础材质为青石或黄沙石，形式为覆斗式、基座式和复合式。雕刻手法有线刻、浮雕和圆雕，雕刻纹样有莲花、如意、祥云、蝙蝠、兽头。

一是圆形石鼓与覆盆式组合的复合式柱础。关帝庙门楼柱础上层是瓜棱式的石鼓，下层是素面覆盆。关帝庙正殿柱础上层石鼓边缘刻有鼓钉；中间剔雕缠枝花卉；下层是八边形覆盆，每一面都剔雕如意云纹。"中宪第"院大门门楼柱础上层是两层石鼓，第一层石鼓只雕刻鼓钉，第二层石鼓中间刻有腰线，腰线上下为浮雕葵花瓣；下层是覆莲盆，浮雕十二个兽头，兽口各衔一片莲花瓣，莲花瓣末端为如意云纹。

二是方形石鼓与几凳式组合的复合式柱础。"中宪第"院正房柱础上层是方形石鼓，四瓜棱状抹角，石鼓中间刻有两条腰线，腰线上下雕刻的图案一样，中间为卷云纹、四角为蝙蝠纹；下层几凳雕刻成兽头几腿样式，四角兽头朝下口衔几腿，几腿之间刻有祥云图案；几凳与石鼓中间塑腰雕刻回形纹。"司马第"院厅堂柱础上层是两层方形石鼓，第一层石鼓样式与"中宪第"院正房柱础的石鼓一样，第二层石鼓上半部分抹斜处理并雕刻莲花纹、下半部分雕刻卷草纹；下层几凳雕刻精美，上部雕刻如意云纹，用宝珠相连，几腿上刻有卷草纹，几腿内弯处深浮雕花卉纹。

（2）门枕石装饰

门枕石位于大门两侧、下槛两端，以下槛为界分成内外两部分。门外部分雕刻精美，大多为各种动物形象；门内部分以实用为主，凿出"海窝"以安放大门的门轴。

"中宪第"院大门门枕石露于门外的部分，下面是矩形石座，上面是石狮子。石座外露的正立面和侧立面都雕刻有精美的图案。正立面为正方形，线刻花卉图案，花枝缠绕，蝴蝶纷飞，相映成趣；侧立面为长方形，雕刻有菊花图案，花枝招展，清新淡雅。石座上各蹲坐一只石狮，狮头相对而望，气宇轩昂。左侧为雄狮，右前脚踩一绣球，绣球旁有一幼狮探头而出，活灵活现；右侧为雌狮，左前足下有一幼狮，另有一只幼狮在雌狮的两腿间，两只幼狮嘴里及足间缠绕着一条绳子，生动有趣。

"司马第"院大门门枕石露于门外的部分，石座呈须弥座式，上下枋为素面，上下枭有祥云装饰，束腰位置饰龙飞在天。石狮蹲坐在石座之上，狮头微侧，狮口半张，嘴角微翘，耳似元宝，眼如铜铃，鬓发卷曲，胸挂铃铛，脚踩绣球，身下幼狮憨厚可掬。

（3）夹杆石装饰

夹杆石是用于固定牌楼立柱、幡杆、旗杆的石质构件，表面雕刻精美的花纹图案。

柳氏民居建筑的大门多为牌楼式，门框外侧施有立柱支撑重量，立柱下端有夹杆石，造型如同门鼓石。"司马第"和"河东世泽"门楼的夹杆石保存最为完整。几凳式的底座刻有包袱纹样，层层褶皱垂至地面，露出雕刻如意云纹的几腿；中间竖立放置圆形石鼓，鼓面光滑，鼓钉排列整齐；石鼓上方雕刻一上一下两只幼狮，狮口咬着一条绳子，脚下踩着一个绣球，嬉戏玩耍，悠然自得。

柳氏民居有两座形制相同的石质牌坊，一为"丹桂传芳"牌坊，一为"青云接武"牌坊。牌坊下面的夹杆石上均雕刻石狮子，形态各异，寓意深刻，被称为"教化狮"。"丹桂传芳"牌坊下的狮子，第一尊名为"满腹经纶狮"。狮子尾巴上翘，寓意自命清高；肚子下面有一个圆球，意指满腹经纶；嘴里咬着一绳索，是指要谨言慎行。意思是告诫柳氏族人要懂得约束自己，纵有才学也不能傲慢清高、口无遮拦，以免祸从口出。第二尊名为"克己复礼狮"。狮头高昂，牙关紧闭，尾巴贴身，一只幼狮安稳伏于大狮左脚下。意思是告诫柳氏族人要低调做人，克制欲望，遵循礼制，听从教诲。第三尊名为"胸怀大志狮"。狮子端坐，目视前方，腹下有一圆球和两只幼狮，其中一只幼狮似要向外攀爬。寓意读书人要胸有城府、蓄势待发，同时也要守护家人、爱护子女。第四尊名为"出人头地狮"。大狮子安详而坐，一只幼狮探头而出，另一只幼狮低头不语。寓意子孙不能一直让长辈庇护，应该走出家门，凭借自己的本事出人头地、实现个人理想。"青云接武"牌坊下的狮子，第一尊名为"金榜题名狮"。狮子脚下踩着圆球，胸前佩戴花朵。意为高中状元，步入仕途。第二尊名为"泰山相助狮"。狮子紧靠柱子，有靠山之意。意为告诉柳氏后人，在朝为官需要有贵人帮助，便于日后发展。第三尊名为"宦海沉浮狮"。狮身仰起，抬头张望，身下有一只凤头狮身鹿尾的动物，基座上刻有波浪纹。寓意虽然当了官坐享俸禄，但宦海波涛涌动，时时刻刻都要保持警惕。第四尊名为"功成名就狮"。狮子神态自然，目光悠远，表情安详，基座上的波纹也较平稳。意思是做官时间久了，官位稳当，高枕无忧，面对事情可以泰然处之。

3. 砖雕

柳氏民居的砖雕装饰多以院落大门入口的影壁为载体，朴实华美，简约精致，体现了浓厚的文人气息。

关帝庙影壁为座山影壁，位于倒座戏台的南山墙上。壁顶仿屋顶形式，砖雕的正脊和吻兽镶嵌在墙中，檐下砖雕双椽和三踩拱斗，栱眼壁雕有寓意富贵的牡丹纹样。壁身四边是两圈竹节砖雕围成的边框，边框内为万字纹样。壁心素面平整，采用方砖斜角对缝拼接。壁座为石雕几座。

"司马第"院影壁的壁身砖雕最为精致。四周用两圈竹节纹围成边框，边框内的装饰图案不尽相同。下面中间雕刻一"寿"字，两条龙左右相对，意为双龙献寿，龙的后面是梅花。左下角雕刻一本书，右下角雕刻一捆丝，寓意诗书传家。两侧竖框内下端雕刻宝瓶，瓶中是盛开的缠枝牡丹，一直延伸至顶端，取花开富贵、生生不息之意。上面雕刻缠枝莲，象征清正廉洁。

柳氏民居建筑的木雕、砖雕和石雕表现出精湛的建筑装饰艺术，雕刻主题多为戏剧故事、梅兰竹菊、民间传说、吉祥图案和诗书礼教，传达了"厚人伦、美教化"的传统思想，体现出柳氏先人在创造美好生活的同时对后人道德修养的重视和培养。

（二）历史文化价值

西文兴村是纯血缘关系世代聚居的单姓古村落，迄今该村 96% 以上的居民同出柳氏一族，且全为柳姓。西文兴柳氏与唐代著名的文学家、政治家柳宗元同宗同族，自唐末由河东迁徙而来，历经宋元两代"合族聚居，勿宣门庭"治家之道，到明永乐四年"以文人代兴者"，柳氏开始兴旺并营造西文兴村，迄今近六百年。柳氏家族世代延传耕读文化传统，遵循儒学文化礼仪，宗祠、庙宇、民宅等建筑历史风格强烈、时代特征鲜明、文人气息浓厚、文化内涵深厚，真实反映了明清时期的封建社会宗法制度以及儒家文化思想观念，是重要的历史和实物例证，具有极高的文化研究价值。

1. 书画碑刻

柳氏民居现存文人丹青、名家墨宝碑刻 40 余通（方）。如唐代画圣吴道子的《天王送子图》和《圣人十哲图》，南宋理学家朱熹笔体的"忠""孝"二字碑刻和草书《易经系辞碑》，明代书画家文徵明的《谕俗四条》、理学家王阳明的《孟子语》、书法家方元焕的《四伦箴语》，还有柳遇春和王国光游历山水所作的《游西平道中》等，让人惊叹。众多碑刻承载了柳氏先贤的理想价值，浓缩了柳氏家族的思想风尚，给后人留下了宝贵的文化财富。

2. 耕读文化

柳氏族人以"恪守先业，耕读为本"的家风家训作为价值取向，将山水、田园、耕读转变成相辅相成、陶冶情操、修身养性的生活文化模式。耕作在柳氏族人的生活中具有主导地位，但同时他们也期望通过读书来改变自己的命运。柳氏民居的碑刻牌匾、建筑选址、装饰寓意等包含着浓烈的耕读文化元素，无不散发着柳氏族人对亦耕亦读生活的热爱。"中宪第"院落大门门楼上书写的"耕读书香"四个大字，时刻提醒和激励着柳氏族人要耕读传家、光宗耀祖。

3. 隐逸文化

明嘉靖辛丑年（1541）的《始修一房山碑记》中记载："环吾乡皆山也，出自太行，地北有鹿台蟠回，高出诸峰。南应历山，驰奔云矗，倚空向出者，千峰碧苍翠。东曲陇鳞鳞，下临大涧。西山隆沃，壮似行而复顾，或曰伏虎山，或曰凤凰岭。"柳氏民居的选址充分体现了隐逸文化，静谧自然，四周环山，民居建筑与自然完美融合，使人能够保持内心的宁静，同时又能够寄情于山水之间，将世俗的烦恼抛之脑外，感受超然洒脱的隐逸之乐。

4. 中庸文化

"中庸"的观念体现在古代建筑上就是建筑平面的对称均齐布置。柳氏民居建筑，从庙堂到府第，从牌坊到门楼，处处可见中式对称美学的影子，以中轴对称为骨架，承托起"整齐中正、主次分明"的视觉感受，给人一种庄严肃穆的感觉，反映了阴阳平衡的概念和对自然的崇尚。

正如梁思成先生所说："中国建筑，其所最注重者，乃主要中线之成立。无论东方、西方，再没有一个民族对中轴对称线如此钟爱与恪守。从皇家宫殿、公共官署、佛道庙观以及一般民宅，都依严格的中轴线分布：从群体组合到一室布局都呈现出中轴线的特征。"

柳氏民居院落空间形态中正平和，每个院落都以正房中轴线为对称线，东西厢房、耳房整齐排列在两侧，结构、装饰统一和谐，具有对称美和秩序感。

五、文献撷英

柳氏民居现存大量碑刻，为后人解读柳氏民居提供了重要的依据和凭证。

明嘉靖二十年（1541）的《始修一房山碑记》。

明嘉靖二十九年（1550）的《柳氏宗支图记》。

明隆庆六年（1572）的《柳氏祠堂仪式记》。

明万历十一年（1583）的《重修关王庙记》。

明万历十一年（1583）的《新建关王庙木枋记》。

明万历二十五年（1597）的《明奉直大夫同州刺史三峰柳公墓志铭》。

清乾隆七年（1742）的《重修祠堂碑记》。

清乾隆三十二年（1767）的《关王庙重修碑记》。

清嘉庆六年（1801）的《柳春芳父母诰封碑》。

清嘉庆六年（1801）的《柳春芳祖父母诰封碑》。

清嘉庆八年（1803）的《皇清赠武略骑尉廷显柳公籍杨安人墓表》。

清嘉庆八年（1803）的《赠修职郎东合柳公暨孙孺人墓表》。

清嘉庆八年（1803）的《河东柳氏传家遗训碑》。

清嘉庆十四年（1809）的《诰授邵武都尉貤赠中宪大夫圣和柳公墓表》。

清嘉庆十四年（1809）的《皇清例授邵武都尉圣和柳公暨配例封恭人宋王孺人合墓志铭》。

清嘉庆十七年（1812）的《重修文昌阁真武阁魁星阁碑记》。

清嘉庆二十一年（1816）的《诰封中宪大夫建章柳公墓表》。

清道光四年（1824）的《柳氏家训碑》。

清道光三十年（1850）的《重修庙宇募缘碑叙》。

民国十年（1921）的《重修文昌阁文庙碑记》。

民国二十年（1931）的《庄田山场补修记》。

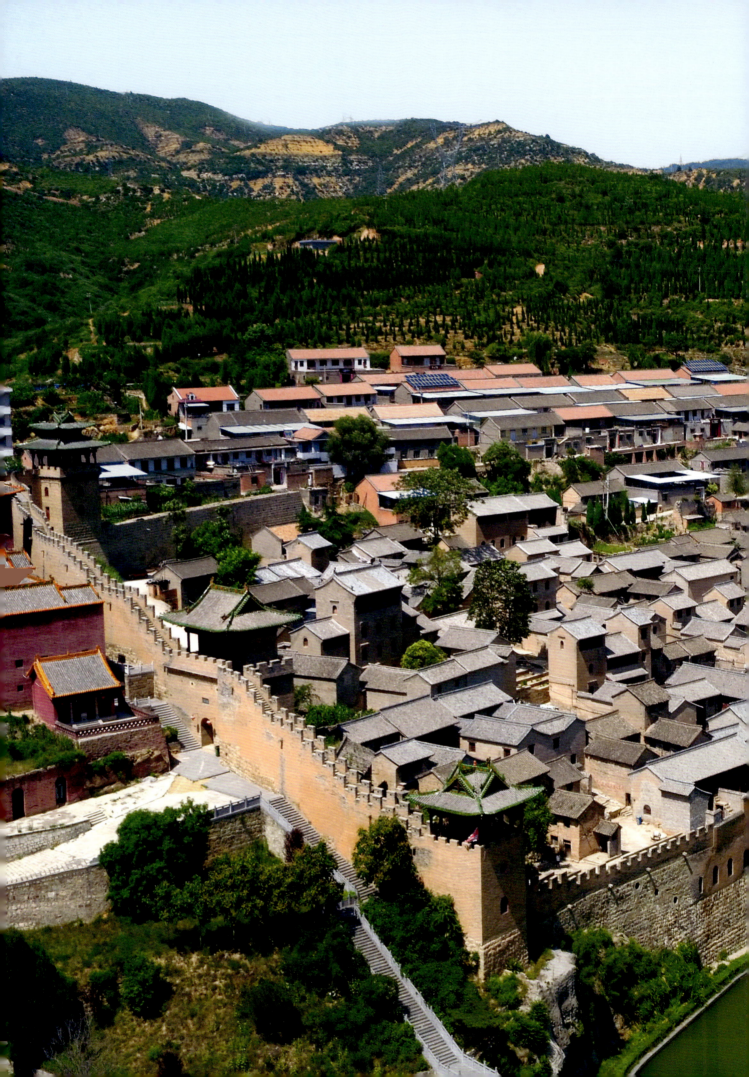

湘峪古堡

湘峪古堡 / *XIANGYU GU BAO*

一、遗产概况

湘峪古堡位于沁水县东南部郑村镇湘峪村，享有"中国北方乡村第一明代古城堡"的美誉，是明崇祯年间户部尚书孙居相、天启年间都察院右副都御史孙鼎相兄弟的故里。它北依凤凰山，南临湘峪河，东接洞阳山，西连虎谷峰，临河靠山。城堡内城民居建于明万历四十二年（1614），外城墙建于天启三年（1623），整体竣工于崇祯七年（1634）。整个古城为蜂窝式城堡，砖石土木结构，占地面积约 3.25 万平方米。城堡分布三街九巷，明代建筑遗存 34 处、清代建筑遗存 8 处。2006 年 5 月 25 日，湘峪古堡被公布为第六批全国重点文物保护单位。2010 年，湘峪古村被公布为第五批中国历史文化名村。2013 年，湘峪古村被国家文物局列入首批"国保省保集中成片传统村落整体保护利用工作"示范点。

01 湘峪古堡全景图

二、历史沿革

(一)家族渊源

沁河是山西除汾河之外的黄河第二大支流，也是山西的一条母亲河，春秋时名少水，西汉则叫沁水，又称泊水。沁水县因沁河纵贯南北而得名。沁水县古称端氏，至元代更名为沁水。湘峪从战国时期便属于古端氏（沁水），原名"相谷"，后因村子背山面水、群山环绕、风景独秀、依山傍水，人们在"相谷"二字左边加上"氵"和"山"的偏旁，变成了现在的"湘峪"。万历二十五年（1597）二月，孙居相在写给祖先的墓志铭上仍称"相谷村"。而在清康熙年间的《沁水县志》上已被称为"湘峪村"。

根据《孙氏家谱》记载，湘峪孙家祖上是元末明初为避祸端从与沁水接壤的高平迁徙而来的。经过几代人的打拼，尤其到了孙居相这一代，孙家一门出了两个进士，二人被称为"湘峪双杰"，成为沁河两岸争相传颂的美谈。孙氏兄弟共四人，家境宽裕，年少时求学于邻近的开明寺学馆，与张慎言、刘鸿训、杨贲闻等为同窗，在明万历年间先后进入官场。

孙居相，字伯辅，孙氏四兄弟之长，万历二十年（1592）进士。万历年间任湖北恩县令、南京御史台御史、巡按漕运使；天启初年升光禄少卿，后改任太仆寺少卿，提拔为右佥都御史，巡抚陕西，两年后任兵部右侍郎；崇祯年间历任户部右侍郎、吏部左侍郎，后晋升户部尚书，总督仓场。因在与杨时化的书信中有"国事日非，邪氛益恶"等字语，崇祯元年（1628）被逮下狱，谪戍潞州（今山西长治），崇祯七年（1634）卒于戍地，享年74岁。

孙居相为言官多年，满腔正气，疾恶如仇，以直言敢谏、清正廉洁的形象独行于明末险恶的官场中，任职期间被他弹劾、惩处的官员和豪强有百余人。《明史》中有关于其仗义疏言的记载："今内自宰执，外至郡守县令，无一人得尽其职。政事日废，治道日乖，天变人怨，究且瓦解土崩。纵珠玉金宝互地弥天，何救危乱！"《明史》中还记载："时中外多缺官，居相兼摄七差，署诸道印，事皆办治。"孙居相任山东恩县知县七年颇有政绩，当地县志记载："居相以忠信为质，望之若不可犯，即之蔼然可亲。"现湘峪古堡内珍藏着孙居相木雕像一尊，其头戴官帽、正襟危坐，给人一种平和正气之感。

孙居相之弟孙鼎相，字叔享，又字玉阳，别号涧泉居士。万历二十六年（1598）进士，初授松江府推官，40岁时升任工部营缮司主事，之后任兵部武选司主事、礼部主客司主事，吏部稽勋司员郎中、太仆寺少卿、光禄寺少卿等；天启三年（1623）任肃州兵备道；天启四年（1624）回朝，任都察院右副都御史，不久巡抚湖广；天启六年（1626）被阉党弹劾罢官回乡；崇祯元年（1628）起任户部右侍郎不就，从此居家，79岁谢世。孙鼎相和兄长一样清正廉明，鄙视一切徇私舞弊之举。孙鼎相极具建筑设计天赋，其曾任职工部营缮司负责宫廷建造，有机会接触到当时西方的建筑艺术，因此湘峪古堡中有"眉檐垂柱"等西方元素出现。

（二）明代末年城堡的营建

崇祯初年，陕西大旱，天灾人祸，农民揭竿而起，渐成气候。作为山西盐铁资源重地的泽潞地区商贾云集，财富高度集中，自然成了被劫掠的重点地区之一。在这样的情势下，为保护故里的乡民，在京为官的尚书、侍郎以及已经还乡的朝廷大员等纷纷在家乡修建起抵御流寇作乱、具有明显军事功能的城堡，记入《明史》的沁河流域古堡就有54座。这些城堡一般都有护城河、坚固的城墙藏兵洞、六七层的瞭望楼和逃生地道等。孙氏兄弟修建的湘峪古堡就是此类建筑，与窦庄古堡同时于明天启三年（1623）开始修建，完成于崇祯七年（1634）。

湘峪古堡修建时，孙鼎相因阉党弹劾而罢官回乡，由于曾经在工部营缮司任职，因此由其担任了湘峪城堡修建工程的总指挥和总设计师。他凭借过硬的专业能力，大胆地把中西建筑风格融合在一起，体现出诸如高低错落、参差不齐、左右互不对称等特色。这座城堡后来成功抵挡了李自成大顺军的进攻。

（三）红色革命遗址

1942 年 8 月，晋城北部抗日革命根据地开辟后成立了中共晋北县委和晋北办事处（1943 年 6 月更名为晋北县抗日民主政府），机关开始设在沁水县湘峪村，1943 年 6 月迁至泽州县大阳镇。湘峪古堡内的"视履考祥"院是抗日战争时期"晋北县抗日民主政府"机关所在地，民间习惯称之为县政府院。

抗日战争时期，在"视履考祥"院内发生的一件事使古城声名大噪。有一天，日寇突然来犯，"视履考祥"院内的抗日武装人员躲闪不及，只能藏到东厢房里。日军进入搜查，却见四大八小十二间房内空无一人，只得收兵作罢。院内无人的奥秘就在厢房内。村中的厢房大多是三开间，中间用砖或用木隔断。而"视履考祥"院东厢房南面的开间设有一个暗层，暗层隐藏在吊顶和顶棚之间，十分隐蔽，而靠北的开间则没有暗层。日军进入靠北一侧的开间搜查，再大概向南一看，空空无人，认为南北开间结构相同，所以放弃了搜寻。

三、主要特点

湘峪古堡为临河靠山型古堡，位于沁水、阳城、泽州三县交界处，北靠凤凰山，东西两山相抱，可谓一处"凤凰展翅""金龟探水"的绝佳胜地。城堡规模并不大，东西长 280 米、南北宽 100—150 米，面积 3.25 万平方米，与碛口西湾民居面积相当，小于阳城的陈廷敬故居和砥泊城。

湘峪古堡的特点首先体现在依山势而建，合理利用天然地形建造了坚不可摧的防御工事。城堡坐北朝南，城内民居坐落之地土地肥沃，南面除了一条护城河还有高达 20 米的悬崖，是城堡的天然屏障。湘峪古堡的建造者不仅利用悬崖修建了坚固的城墙，利用崖缝修建了堡门，还将藏兵洞修建在城墙之中，可谓兵洞相连、攻防兼备。

其次为"三横九纵棋盘式"的建筑规划布局。城堡内的院落紧紧相挨、相互贯通，三街九巷将其有序分割，东西为街，南北为巷。堡内既有较为宽敞的街道，也有"丁"字形小巷，这些街巷大部分不是笔直延伸、相互垂直，而是顺应地势走向或有意弯曲成一定的弧度，有些地方甚至连续出现两个直角拐弯，并且每一个直角拐弯处都修建成菱形，菱形处凿有一个拳头大的小坑，这些都可用于抵御突入堡内的侵略者。蜿蜒曲折的街巷，说明城堡建造者在规划时首先考虑的是其军事防御性。

城堡历史悠久，建筑风格古朴典雅，城内建筑多为明清所建，高者五层、低者二层，门窗大多采用拱券式，外墙饰以西式建筑风格装饰的"眉檐垂柱"式砖雕。从樊山鸟瞰整个古城，可见其发脉于东岳神山，十条支脉山系左曲右出，最后都朝向湘峪，因此几百年来这里一直流传着"十山九扭头，不出宰相出公侯"的风水术语。湘峪古堡是一座集堪舆风水、军事防御于一体的北方古堡，为沁河流域 54 处古堡的巅峰之作。

城墙

城墙

城墙

三都河

02　湘峪古堡文物建筑分布图资料

① 东岳庙	② 南门	③ 延秀院	④ 天绘图院
⑤ 帅府院	⑥ 西角楼	⑦ 西门	⑧ 双插花院	⑨ 二宅院
⑩ 四宅院	⑪ 视履考祥院	⑫ 学恕求人院	⑬ 下佛堂	⑭ 八宅院
⑮ 诗书院	⑯ 大男院	⑰ 十宅院	⑱ 孙氏祠堂	⑲ 赵鸿猷宅第
⑳ 小男院	㉑ 三都堂	㉒ 五宅院	㉓ 三宅院	㉔ 东角楼
㉕ 东门	㉖ 东北角楼	㉗ 西北角楼		

四、建筑特点

湘峪古堡分为内、外两城，内城环绕堡中民居，外城墙则依山势而建。外城辟有三门，东曰"迎晖门"，西曰"来奕门"，南曰"薰宸门"。城内平面布局为"棋盘式"，街巷互联，帅府院、官宅、双插花院、"视履考祥"院、天绘图院、邀月楼院等星罗棋布。

03　湘峪古堡近景

（一）前广场石牌楼

该牌楼为按原样所建的四柱三门仿古牌楼，宽13.2米、高9.5米。阳面中间书"恩荣四世"，上方的图案分别寓意"连中三元""高官厚禄""冠带流传"等，下方镌刻"二龙戏珠"图案；右边书"三世少宰"，指诰赠吏部左侍郎孙廷祯、诰赠吏部左侍郎孙辰、诰赠吏部左侍郎孙居相，上方的图案是"文官下轿"；左边书"四部首司"，指孙鼎相先后担任过工部营缮司主事、兵部武选司主事、礼部仪制司员外、吏部稽勋司郎中，上方图案是"武官下马"。牌楼背面中间书"赠封按察司佥事，累赠户部尚书孙廷祯、封恩县知县、加封福建道监察御史、加赠工部主事、陕西按察使、司太仆寺卿、都察院右副都御史、累赠光禄大夫、户部尚书孙辰"；左书"赐进士第、文林郎恩县知县、南京御史、巡按漕运使、巡按顺天御史、光禄寺少卿、太仆寺太仆右佥都御史、陕西巡抚、兵部右侍郎、户部右侍郎、吏部左侍郎、户部尚书孙居相"；右书"赐进士第、通议大夫、巡抚湖广等处地方兼提督军务、都察院右副都御史、太仆寺卿太常、光禄两寺少卿、吏部稽勋司郎中前文选考功验封稽勋、暨礼部仪制司各员外、礼部主客、兵部武选、工部营缮司各主事孙鼎相"。

湘峪古堡

（二）城墙与藏兵洞

湘峪古堡的平面呈长条形，总体东西长、南北短。城墙由墙体、垛口、城楼、角楼、城门、藏兵洞等组成，总长度约 760 米，开东、西、南三门。城墙通过叠加的窑洞增加高度，以窑洞的进深增加宽度，城墙顶上建有炮台、堞楼等防御性建筑。湘峪古堡的南墙借用高高的悬崖。城墙上的马道只比内部道路略高一些。南城墙内部被掏空，建造成窑洞式的藏兵洞和运兵走廊，是整个古城堡防御工事的重中之重。每个藏兵洞修建拱形窗孔一个，在南城墙外侧一字排开，从远处眺望犹如一个个蜂窝。众多窗口成为守卫者的瞭望和防御工事。南门门洞内建有一堵类似影壁的石墙，门匾"薰宸"就镶嵌在这里。从南城墙内通过木梯可进入墙内的藏兵洞。藏兵洞均为砖石结构的窑洞式建筑，洞体宽而大，并且洞洞相连。得益于孙鼎相对战事防务的了解，湘峪古堡的藏兵洞是走廊式和串珠式相结合的防御体系。在串珠式藏兵洞内，将士只需守住或者堵住一门，便可断绝藏兵洞的东西道路，每一道门都可以成为抵御进攻的关口，可谓是"一夫当关，万夫莫开"。串珠式藏兵洞和位于兵洞后部的走廊式藏兵洞既可以各自为战，又可以相互协防。藏兵洞内还设计有供水系统，并修建了通道与城墙顶部和帅府院相连，便于指挥和增援。湘峪古堡的藏兵洞将防御工事、兵营和军需仓库融为一体，既节省了建筑材料、缩短了周期，又增强了防御和反击能力，为民间防御工事和军事工程的巅峰之作。

05　城墙角楼

06　南门

07　走廊式藏兵洞

08　藏兵洞城楼近景

09　走廊式藏兵洞

10　走廊式藏兵洞

11　藏兵洞铃铛

12　走廊式藏兵洞

13　藏兵洞通道

（三）双插花院

院落主轴为南北向，两进院，布局均为"四大八小"式。双插花院地处险要，距西南岗楼和南城门都很近，有重要的军事地位。

双插花院大门朝向南街，院落入口处设置四段台阶。第一段为两级，南北向；第二段为一级，东西向；第三段为四级，南北向；第四段为两级，东西向。入口处台阶方向频繁变化，左右夹墙，对外来人员的视线进行了遮挡，显示出极高的封闭性。

双插花院一进院落为孙立相长子孙如金居所，由正房、东西厢房和倒座房组成，均为两层。院落空间东西宽、南北窄。在一进院与二进院交会处，"四大八小"的建筑形式出现了灵活的变化，东厢房部分窗户隐藏在正山墙之后，且在东厢房南侧辟有一间内室，隐蔽性很高；前后两进院落的东厢房和西厢房均无耳房相连，并用一墙，有效增大了使用面积。

二进院落主房花梁上有"时崇祯十一年二月十七日子时，宅主孙述祖、孙率祖建立"题记。据《孙氏家谱》，此二人为兄弟，系孙氏第九世传人。西厢房原为孙氏家族第十世传人孙世粹的书房，名曰"晚香斋"。这个院落是沁河流域古村落中最为独特的一座，既有四合院的特征，又突破了四合院的传统，彰显了主人强烈的创新精神。其最为显著的特点是两侧耳房高于中间主房，中间主房是三层，而两侧耳房是四层，好像两座塔竖立在两边，既有欧式建筑风格，又像中国古代两边插花的官帽，所以被称为双插花院。拱券门窗外墙的"眉檐垂柱"砖雕形似天平台秤。

14　双插花院正房

15　双插花院倒座房

16　双插花院西房

（四）官宅

官宅又名三都堂，是孙鼎相的府邸，两进院，均为较严整的"四大八小"式。两进院落均由正房、东西厢房、倒座房组成。正房均坐北朝南，中心院落呈矩形，面阔和进深相差不大。一进院和二进院之间有内巷相连，内巷向东侧的内城墙下巷道开门。巷头和巷尾的巷门均设有箭楼，当箭楼下的巷门关闭时，官宅即与外界隔离，形成单一的防御单元。

"文武衡鉴"院是官宅的第一进院落。进门对侧有随墙影壁，装饰精美。影壁上方设五攒三踩仿木斗栱，斗栱上叠置两层仿木石橼；壁心图案已毁，壁心四周装饰竹节纹和祥瑞花草纹饰；下有束腰须弥宝座，形制庄重典雅。东厢房面阔三间，上下均为四扇隔扇门窗，是民居中较为高级的形式。其檐廊独立于墙体之外，有柱支撑，上下贯通。中部和下部为八瓣形石柱，上部为方形木柱，木石相接处安设木质卷草纹雀替。

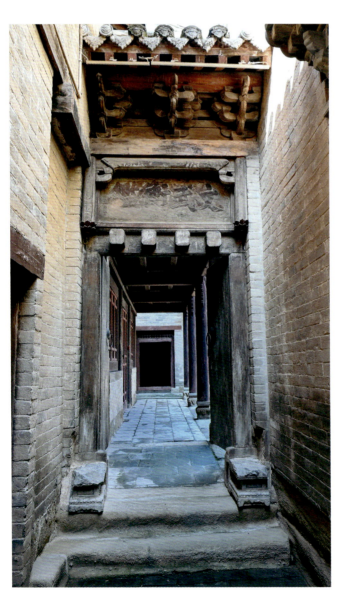

17　三都堂"文武衡鉴"院门

18　三都堂过门

19　三都堂二进院门

"四部首司"院是官宅的第二进院落。正门上有彩漆匾额，书"四部首司"四字，下面镌刻孙鼎相历任官职。内巷东侧箭楼下悬挂两块匾额，朝东阴刻"司空"，朝西阴刻"宗伯"。院门平板枋上为七攒五踩斗栱，顺应斗栱的方向有彩绘，是湘峪古堡为数不多保存至今的彩绘。"四部首司"院建筑对称布局，体现了官式建筑的严谨。正房名曰"瞭望楼"，俗称"看家楼"或者"一览楼"，楼共5层，高约25米，面阔三间，以条石为基础，条石上通体以青砖砌筑，硬山顶，覆以灰瓦。其巍峨耸立、雄伟壮观、气势逼人，在整个村居群落中尤为突出。人在阁楼之上可以看到对面的烽火台，方便指挥战斗和观察敌情。该楼在第三层设有一条暗道，可以直达北城墙下方的街道。

20　三都堂"四部首司"院门

21　三都堂一进院东房

22　三都堂一进院南房

23　三都堂一进院过厅

24　三都堂二进院东房

25　三都堂二进院正房

26　三都堂石雕

27　三都堂柱础

（五）帅府院

分为东西两院，其中东院是守护古城的最高指挥部，明时也叫"卫所"，由孙氏八世传人孙自考修建于明万历四十八年（1620）。院落南面正中开设随墙门，门与南巷道稍稍错位。从街道上看过来只见墙不见门，十分隐蔽。南墙二楼一间为指挥所、一间为参谋部，各开有一个大窗户。两个大窗户各有用途，其中一个为瞭望口，用于观察对面南山上的烽火台，可以及时掌握敌情；另一个用于安放火炮，在指挥所被攻打时使用。东西两院的正房不连通，空间上形成暗层，暗层夹墙内用于存放贵重物品。该院内还设有机密档案储藏室等，在古代山村古堡中是独一无二的设置。

28　帅府院南房

29　帅府院正房

帅府西院为孙氏第七世孙继宪居所，高约3米的大门上有木制匾额，上面镌刻"其旋元吉"四字。门簪共两对四枚。大门内有一道木制屏门。该院的东厢房与帅府东院的西厢房为一间房，即该房同时向东西两个院落开门开窗。

（六）"视履考祥"院

　　该院落是一座十分规范严谨的"四大八小"式传统四合院。入口大门朝东南开设，面向南街敞开，门前正对前院正房的后墙。倒座南房比较低矮，只有一层。受南北方向高差的影响，从街道上看过来，两组院落高度基本相当，使得空间突然收缩，封闭度增大，加之中街在此处向东有近 90 度的拐角，视觉上直接面对"望松楼"院西南墙，形成断层，故此处迷惑性极强，对于村落的整体防御有很大意义。该院大门低矮，而东南耳房高大，站在耳房的檐廊上则街巷状况一目了然，故具有一定的瞭望监视作用。

　　院落平面呈南北长、东西短的长方形。正房为四层三开间，每间开设一窗。有木梯直接通向第二层，二层设木质檐廊，并加设半开敞的游廊。第三层窗外墙体设有"眉檐垂柱"砖雕。院内西厢房为二层二开间，其中一层开拱形窗户，二层开方窗。二层当心间设四扇木制栅门，门前向外出挑单开间檐廊，形制与今阳台相似，此类建筑风格在当地极为少见。

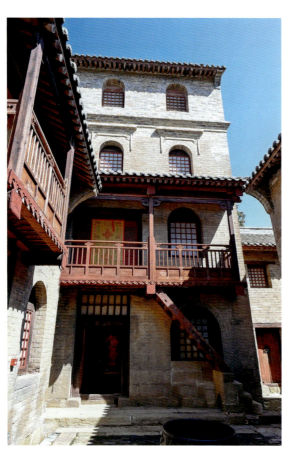

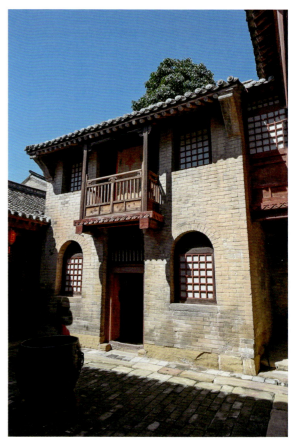

30　"视履考祥"院正房西侧　　　　　31　"视履考祥"院西房

32 二宅院正房

33 二宅院西房

34 二宅院南房

36 圪坨院正房

35 圪坨院东房

37 圪坨院西房

38　棋盘院

39　诗书院东房

40　诗书院南房

41　诗书院正房

42　双插花院柱础

43 天绘图院大门

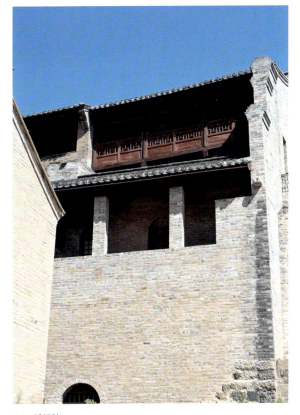

44 绣楼院

45 赵鸿猷院西房

46 古井

47 赵鸿猷院大门

五、价值特色

（一）历史人文价值

无论建筑选址、建筑风格还是建筑装饰，湘峪古堡中处处可见堪舆文化、儒家文化、等级制度以及中西文化的交融。孙氏家族是当地的名门望族，孙氏兄弟中有三人曾同朝为官，这些都为湘峪古堡增添了文化内涵和人文价值。

（二）军事文化价值

湘峪古堡是冷兵器时代民间军事工程的巅峰之作，是悬崖坚石上的"兵洞连城"。院落之间的巷道大多呈直角形、"丁"字形，并且四通八达、联系紧密，亦是湘峪古堡的一大特色。

（三）古建文化价值

湘峪古堡依山就势、错落有致、气势宏伟、功能齐备，基本上继承了我国西周时就已形成的前堂后寝的庭院风格，再加上匠心独运的雕刻艺术，装饰典雅，内涵丰富，兼容南北情调、中西风格，具有很高的文化品位。

湘峪古堡建筑年代较早、建筑工艺先进、建筑风格中西融合而卓然秀丽，是中国北方明清古堡的杰出代表。

六、文献撷英

（一）文史资料

【《明史·孙居相传》（节选）】

孙居相，字伯辅，沁水人。万历二十年进士。除恩县知县。征授南京御史。负气敢言。尝疏陈时政，谓："今内自宰执，外至郡守县令，无一人得尽其职。政事日废，治道日乖，天变人怨，究且瓦解土崩。纵珠玉金宝亘地弥天，何救危乱！"帝不省。诚意伯刘世延屡犯重辟，废为庶人，锢原籍。不奉诏，久居南京，益不法，妄言星变，将勒兵赴阙。居相疏发其奸，并及南京勋臣子弟暴横状。得旨下世延吏，安远、东宁、忻城诸侯伯子弟悉按问，强暴为戢。税使杨荣激变云南，守太和山中官黄勋嗾道士殴辱知府，居相皆极论其罪。

时中外多缺官，居相兼摄七差，署诸道印，事皆办治。大学士沈一贯数被人言，居相力诋其奸贪植党，一贯乃去，居相亦夺禄一年。连遭内外艰。服阕，起官，出巡漕运，还发汤宾尹、韩敬科场事。廷议当褫官，其党为营护，旨下法司覆勘。居相复发敬通贿状，敬遂不振。故事，御史年例外转，吏部、都察院协议。王时熙、魏云中之去，都御史孙玮不与闻。居相再疏劾尚书赵焕，焕引退。及郑继之代焕，复以私意出宋槃、潘之祥于外，居相亦据法力争。吏部侍郎方从哲由中旨起官，中书张光房等五人以持议不合时贵，摈不与科道选，居相并抗章论列。

天启改元，起光禄少卿。改太仆，擢右佥都御史，巡抚陕西。四年春，召拜兵部右侍郎。其冬，魏忠贤盗柄，复引疾归。无何，给事中陈序谓居相出赵南星门，与杨涟交好，序同官虞廷陛又劾居相力荐李三才，遥结史记事，遂削夺。

崇祯元年，起户部右侍郎，专督鼓铸。寻改吏部，进左侍郎，以户部尚书总督仓场。转漕多雇民舟，民愈甚，以居相言获苏。高平知县乔淳贪虐，为给事中杨时化所劾，坐赃二万有奇。淳家京师，有奥援，乞移法司覆讯，且讦时化请嘱致隙。时化方忧居，通书居相，报书有"国事日非，邪氛益恶"语，为侦事者所得，闻于朝。帝大怒，下居相狱，谪戍边。七年，卒于戍所。

弟鼎相，历吏部郎中、副都御史，巡抚湖广，亦有名东林中。

（二）碑刻
【孙居相墓志铭（节选）】

沁水有两大司农。前石楼李公，官南部，著声永陵时，事在国史。今拱阳孙公，名位同，正性毅声同。而李公年跻大耋，保有桑榆。公不幸几罹杨悍之祸，虽邀曲贷，终感雷阳归全，视李公不异也。公事尚在喉吻间，知者云骨鲠，忤者云标榜，其心或未白于天下，故备论之。公讳居相，字拱阳，七世祖德辉自高平徙沁水之相谷村。四传曰温，温生廷桢。廷桢生辰，并赠尚书。辰娶刘太夫人，举四子，公及中丞鼎相为著。辰时攻苦绩学，万历戊子魁省试，壬辰成进士。宰恩县，其地冲，宾至无时。尝据案理赋讼，急急邮邀往，冯车竟其案。立官庄数区，专招流民，治舍给牛种，流徙咸复。田无污莱，均徭薄税。尤嘉惠士类，助李初婚，后起家侍御，称知人矣。秩满擢南京、福建监察御史。南台多阙，即请推补。他建白多凿凿可行。先是河决，连漕总督杨公一魁遣去。公追论当年河臣，及诚意伯刘世延、云南税监杨荣罪，持议谔谔。乙巳内计，时相沈一贯假中旨留其私人，部郎刘元珍，庞时雍上书争之落职，侍御刘九经谪外，公疏其非。丁未大计，白简所抨俱协清议。又露章纠沈相去之。四明耐弹，独不能胜公。公亦夺岁俸。……所著奏议若干卷行世。葬□□□，夫人祔焉。铭曰：太行戴业，天峙我土。钟为豪贤，特立今古。矫矫孙公，克自振树。受命百里，铺醴煦乳。家颂神君，朝觐圣主。皂囊白简，相继如缕。天高听卑，殿争如虎。南台峥嵘，河漕膏宇。三辅浩穰，爰持其斧。奸曰汝惩，瘝曰汝抚。公之来思，威惠并睹。发言盈廷，莫之或吐。先霜戒冰，未雨彻土。侃侃嘉谋，遂荑伏莽。苦快余生，勉事狂瞽。有日重晖，八座循讴。西秦凋瘵，建牙俣俣。艺我黍稷，饬我干橹。席未及暖，载迁载怃。谗邪高张，肆螫貂竖。赫曦中天，历长民部。左右旦爽，芥拾即俯。蜚语上闻，黑衣御侮。帝德难名，循墙负弩。塈历四朝，邦国之祜。臣罪当诛，谏书奚补？鉴其诚直，远逾汉武。谠论不磨，英裁谁鼓。气作河山，不物以腐。

参考文献

【专著】

[1] 张桂春：《沁水古村落：荆浩故里》，中国摄影出版社，2017 年。

[2] 车国梁：《三晋石刻大全·晋城市沁水卷》，三晋出版社，2012 年。

[3] 贾志军：《沁水县历史人物辑》，科教文图书出版社，2008 年。

[4] 薛林平、任丛丛、毕毅等：《窦庄古村》，中国建筑工业出版社，2009 年。

[5] 田同旭、马艳：《沁水县志三种》，山西出版集团、山西人民出版社，2009 年。

[6] 张广善：《晋城古代建筑》，文物出版社，2011 年。

[7] 田同旭、马艳著：《沁水史话纵横》，山西人民出版社，2005 年。

[8] 薛林平、包涵、李博君等：《西文兴古村》，中国建筑工业出版社，2015 年。

[9] 谢红俭：《晋城古堡》，山西人民出版社，2016 年。

[10] 田同旭、王扎根：《沁水史话辩证》，山西人民出版社，2016 年。

[11] 沁水县地方志办公室：《湘峪古堡》，山西人民出版社，2018 年。

【论文】

[1] 王青：《山西沁水县柳氏民居的保护与更新设计研究》，西安建筑科技大学硕士学位论文，2021 年。

[2] 原秀娟：《晋城柳氏民居建筑艺术特色研究》，河南大学硕士学位论文，2019 年。

结　语

　　《惠泽千载　光耀后世——晋城国保丛览》（以下简称《晋城国保》）的编撰工作，由晋城市人大常委会牵头抓总，晋城市文化和旅游局组织实施，所辖城区及泽州县、高平市、阳城县、陵川县、沁水县相关单位共同参与。

　　《晋城国保》由七卷组成，分别为总览卷、市直城区卷、泽州卷、高平卷、阳城卷、陵川卷、沁水卷。总览卷相当于索引摘要性的目录，其他六卷为图文兼备的国保单位介绍。全书力求通过图文并茂的形式推介宣传晋城的 72 处国保单位，让读者感知晋城深厚的历史积淀和源远流长的灿烂文明。

　　为了做好相关的编撰工作，2022 年初，晋城市文化和旅游局组织晋城地区的文博专家和古建、民俗文化学者，对全书的编撰体例进行了审定。鉴于《晋城国保》编撰的专业性，具体工作委托《文物季刊》杂志社组织实施。

　　全书于 2022 年 12 月形成第一稿；2023 年 7 月形成第二稿；2023 年 9 月经过专家初审，形成第三稿；2024 年 3 月，经过专家终审，根据终审意见对稿件进行修改，形成第四稿；2024 年 7 月，《文物季刊》杂志社根据文物出版社审读意见，对稿件进行校改完善，形成终稿。从文稿撰写、图片拍摄、资料收集、版式设计、专家审定到成书付梓，这一路走来，殊为不易。

　　编撰出版过程中，晋城市人大常委会多次听取汇报，提出宝贵意见，协调解决困难，给予我们很大帮助。在此，对所有关心支持《晋城国保》编撰工作的同志一并表示感谢。由于水平所限，难免有疏漏之处，敬请大家不吝赐教。

　　《晋城国保》呈现给读者的这些文物遗存，或始创于北魏，或始创于宋元，或始创于明清，均延续保存至今，客观上说明了文物所蕴含的持久生命力。我们要继续跑好这场文明文化传承的接力赛，把珍贵的历史文化遗产保护好、传承好、发展好。

编委会

二〇二五年六月